# Il futuro della robotica

Tecnologie robotiche del 21 secolo

Impatto trasformativo e considerazioni etiche della tecnologia robotica

Alan Sparkbot

## Contenuti

Capitolo 1: L'ascesa della tecnologia meccanica: un punto di vista verificabile .................. 5

Sviluppo della tecnologia meccanica dalla finzione al mondo reale .................. 20

Capitolo 2: I sistemi di vita dei robot: capire le loro parti e il loro funzionamento .................. 22

Indagare le attività interiori della meccanica avanzata odierna .................. 42

Capitolo 3: Meccanica di alto livello nell'industria: cambiamento del collezionismo e della creazione .... 44

Dai sistemi di costruzione sequenziali alle linee di produzione accorte .................. 55

Capitolo 4: Robot nell'assistenza medica: cambiamento dei farmaci e dei pazienti .................. 58

Progressi nella tecnologia meccanica attenta e nell'aiuto clinico .................. 67

Capitolo 5: Il lavoro dei robot nelle indagini: divulgazione spaziale e marittima .................. 70

Dai vagabondi su Marte ai remoti viaggiatori oceanici .................. 78

Capitolo 6: Meccanica avanzata e istruzione: formare il destino dell'apprendimento .................. 81

Coordinamento della tecnologia meccanica nel programma educativo STEM .................. 99

Capitolo 7: Veicoli indipendenti: verso un futuro senza conducente .................. 101

Muoversi sulle strade con veicoli alimentati
dall'intelligenza artificiale ............................................. 114

Capitolo 8: Meccanica avanzata e agricoltura:
sviluppare competenza e sostenibilità ..................... 116

La coltivazione accurata e la trasformazione rurale
..................................................................................... 125

Capitolo 9: Robotica nella risposta ai disastri:
miglioramento delle operazioni di sicurezza e
salvataggio .................................................................. 127

Distribuzione di robot in situazioni di emergenza
..................................................................................... 135

Capitolo 10: La morale della meccanica avanzata:
tendenza alle ramificazioni morali e sociali .............. 137

Bilanciare innovazione e responsabilità ................. 148

Capitolo 11: Gli effetti dei robot sull'occupazione
sulle dinamiche del lavoro e della forza lavoro ....... 150

Apportare modifiche al panorama occupazionale in
evoluzione .................................................................. 156

Capitolo 12: Accessibilità e robotica: dare più potere
alle persone con disabilità ........................................... 158

Migliorare l'accessibilità attraverso la robotica
assistiva ...................................................................... 164

Dall'animatronica agli artisti interattivi ................. 175

Capitolo 14 Comprendere le complessità delle
applicazioni militari attraverso la robotica e la guerra
..................................................................................... 177

Analisi del contributo della robotica alle strategie di difesa ............ 183

Capitolo 15: Dalla compagnia alla coesistenza: la direzione dell'interazione uomo-robot nel futuro.. 185

Analisi delle dinamiche relazionali tra persone e robot ............ 191

Capitolo 16: Tecnologia meccanica e preservazione ecologica: salvaguardare la natura con soluzioni innovative ............ 194

Utilizzo di robot per attività di conservazione .... 202

Capitolo 17: Ricostruire le comunità dopo i disastri con innovazioni robotiche nel ripristino di emergenza ............ 204

Usare la tecnologia per ricostruire dopo un disastro ............ 211

Capitolo 18: Assistenti personali e robot: ridefinire la vita quotidiana con i compagni di intelligenza artificiale ............ 213

Dalla cura personale all'automazione della casa 219

Capitolo 19: Ricerca e sviluppo nella robotica: ostacoli e opportunità ............ 221

Navigare nella frontiera dell'innovazione della robotica ............ 227

Capitolo 20: Il futuro della robotica: prevedere le tendenze e progettare il mondo di domani ............ 230

Immaginare la prossima era dell'integrazione della robotica ............ 240

## Capitolo 1: L'ascesa della tecnologia meccanica: un punto di vista verificabile

Le macchine che copiano gli esercizi umani o animali affascinano l'umanità da molto tempo. Dalle incredibili macchine delle leggende greche alle astute rappresentazioni di Leonardo da Vinci, il sogno dei robot ha immerso le nostre personalità creative. Questa parte approfondisce le basi reali dell'innovazione meccanica, seguendone il progresso dai primi inizi fino alle macchine raffinate che modellano la nostra realtà attuale.

- I primi sogni: dal sogno alla parte Il nostro vantaggio nei robot può essere seguito fino ai vecchi sviluppi degli eventi. I sogni greci esaminavano Talos, bestia di bronzo a guardia di Creta, ed Efesto, il maestro del fuoco e della lavorazione dei metalli, che realizzava splendide macchine. Questi record, sebbene fantastici, gettarono le basi per macchine preparate per la svolta degli eventi di tipo umano. Avanti veloce fino al Rinascimento, quando creatori come Leonardo da Vinci fecero rivivere queste considerazioni su carta. I suoi blocchi per appunti contengono rappresentazioni punto per punto di cavalieri meccanici, figure umanoidi e, sorprendentemente, un camion autoincitato, mostrando una percezione fondamentale della meccanica e delle norme di pianificazione. Comunque mai realizzati, questi progetti si presentano come una mostra del pensiero visionario di questo periodo.

Il tempo delle macchine: le meraviglie della pianificazione Il diciassettesimo e il diciottesimo anno videro un'alluvione nello sviluppo delle macchine. Queste macchine confuse, solitamente a grandezza naturale, erano meraviglie di pianificazione, pronte per svolgere compiti complessi come l'organizzazione, la riproduzione di musica e, comunque, la manipolazione del cibo (ma l'ultima scelta era per gran parte del tempo una vera e propria complicazione). Figure di spicco come Jacques de Vaucanson, un pioniere francese, muovevano macchine straordinarie, tra cui un'anatra meccanica che poteva mangiare e fare la cacca (con una parte segreta pre-impilata) e una figura umana che suonava il flauto. Queste meraviglie di progettazione controllarono l'interesse del pubblico e gettarono le basi per il progresso di macchine estremamente complesse.

passate: durante questo periodo, i produttori continuarono a esaminare i dispositivi meccanici. Al-Jazari, un ingegnere del XIII secolo, organizzò diversi automi, tra cui una banda melodica e un pavone meccanico. Rinascimento e splendore: Leonardo da Vinci concettualizzò progetti per robot umanoidi, anche se raramente furono raccolti. I suoi ritratti includevano contemplazioni di cavalieri meccanici e altre figure definite. La confusione odierna:

Il diciottesimo e il diciannovesimo anno videro grandi progressi nell'automazione e nell'informatizzazione. I robot odierni sono emersi, principalmente con l'obiettivo finale del collezionismo. 20° centenario: l'adagio "robot" è stato scritto dal saggista ceco Karel Čapek nella sua opera "RUR" (Rossum's Global Robots). Nel corso del XX secolo, esperti come George Devol e Joseph Engelberger hanno sviluppato i robot odierni essenziali per progetti di sviluppo consecutivi. Anni '60: il campo dell'innovazione meccanica si amplia rapidamente. Ricercatori come Joseph Weizenbaum hanno esaminato il pensiero artificiale e il braccio robotico principale (Unimate) è stato presentato in un impianto di movimentazione della General Motors. Passati gli anni '60: la meccanica di alto livello ha continuato a creare, con applicazioni nell'esame dello spazio, nelle operazioni cliniche e nella presenza normale. Entrarono in scena i robot sociali, come ASIMO e Pepper. Nelle narrazioni dell'organizzazione degli incontri da parte dell'umanità, fare in modo che animali contraffatti aiutino o duplicassero individui ha affascinato i progressi umani per un periodo seriamente prolungato. Dalle antiche leggende degli automi alla stagione più avanzata dell'innovazione meccanica all'avanguardia, il viaggio dell'innovazione meccanica è tanto una dimostrazione della creatività umana quanto un'impressione dei nostri obiettivi e delle nostre paure. I semi della meccanica all'avanguardia furono stabiliti nelle personalità di vecchi eventi. Storie di antiche favole greche, ad esempio, la storia di Talos, un robot bestiale di bronzo che dipendeva dalla sorveglianza dell'isola di Creta, hanno suscitato l'interesse umano nel creare vita contraffatta. Queste prime storie gettarono le basi per la possibilità che animali finti potessero compiere sforzi oltre le capacità degli individui. In ogni caso, fu subito dopo l'inizio del Movimento Avanzato nel XVIII e XIX anno che la possibilità dell'informatizzazione meccanica cominciò ad assumere un aspetto evidente. Lo sviluppo di sistemi di fortuna confusi e sorprendenti e lo sviluppo delle prime macchine controllate dal vapore hanno gettato le basi per il mondo computerizzato che sarebbe seguito. La stessa massima "robot" trova il suo inizio nella parola ceca "robot", che significa lavoro obbligato o servitù. È stato generato dall'autore Karel Čapek nella sua opera teatrale del 1920 "RUR (Rossum's Broad Robots)", che raffigurava animali finti creati per servire l'umanità che comunque resistevano ai loro produttori. Quest'opera unica confermava l'adagio "robot" ma introduceva anche temi di libertà, etica e i potenziali risultati della creazione di macchine intelligenti. La metà del XX secolo vide grandi progressi nella meccanica moderna, spinti dal rapido progresso creativo e dalla corsa allo spazio. Fondazioni come il Massachusetts Underpinning of Advancement (MIT) e affiliazioni come la NASA si aspettavano un ruolo urgente nell'ampliare i confini dell'analisi meccanica e dell'automazione.

Dai principali robot attuali presentati da George Devol e Joseph Engelberger negli anni '50 ai vagabondi lunari trasportati durante le missioni Apollo, innegabili meccaniche di livello sono passate dallo spazio della fantascienza alla realtà mentalmente calma. Man mano che il trattamento della forza si espandeva e diventava possibile ridurlo, il progresso meccanico entrò in un'altra epoca di natura multiforme. Il movimento di chip, sensori e attuatori ha portato allo sviluppo di robot predisposti per compiti incredibili e modi versatili di affrontare la recitazione. Bounce progredisce nella consapevolezza creata dall'uomo, in particolare nei campi della conoscenza basata sui PC e delle affiliazioni psichiche, estendendo ulteriormente i limiti dei robot, consentendo loro di vedere, apprendere e comunicare con le loro variabili ecologiche in modi estremamente complessi. Oggi, lo sviluppo meccanico permea tutti gli aspetti della vita attuale, dagli affari sociali e dai vantaggi clinici ai trasporti e ai diversivi. Robot piacevoli, o "cobot", lavorano vicino alle persone prendendosi cura delle piante, riducendone la vitalità e la fioritura. Robot attenti aiutano gli specialisti con precisione e astuzia, sconvolgendo le imprese. I veicoli indipendenti promettono di cambiare i trasporti, rendendo le strade più sicure e più utili. In ogni caso, poiché la progressione meccanica continua a progredire, solleva anche enormi questioni relative alla morale, al lavoro e alle possibilità dell'umanità stessa. Lo spostamento dei piani gratuiti riguarda l'invio di opere e l'incoerenza del denaro, mentre l'opportunità di notare le macchine è irritata da come potremmo allentare la comprensione e la responsabilità morale. In questa parte, partiremo per un'escursione nel tempo, guardando verso le prime fasi, i risultati e gli esiti del crescente sviluppo meccanico. Dalle fantasie e leggende dei tempi passati alle forme più moderne dello sviluppo musicale, rimbalzeremo nel ricco avvolgimento del cervello creativo umano e nello sviluppo che ha mostrato l'universo del progresso meccanico come in realtà abbiamo alcune informazioni al riguardo. Esamineremo come sono stati compiuti i progressi meccanici nelle sue fasi iniziali ragionevoli come partecipante ideale nelle storie di un campo multidisciplinare che avvolge il coordinamento, la programmazione e la ricerca sulla psiche mentale. Esamineremo i momenti chiave e le figure chiave che hanno contribuito alla progressione dello sviluppo meccanico, dai primi pionieri come Nikola Tesla e Alan Turing ai pionieri contemporanei, ad esempio Rodney Streams e Hiroshi Ishiguro. La nostra escursione ci condurrà attraverso il processo creativo traguardi che hanno rappresentato l'avanzamento della meccanica all'avanguardia, dalla creazione del robot programmabile di George Devol al miglioramento di raffinati robot umanoidi come ASIMO e Sophia. Ci immergeremo nei movimenti di salto nelle convinzioni causate dall'uomo che hanno consentito ai robot di vedere e rilassare i loro elementi naturali in generale,dai sistemi di visione del PC in grado di vedere cose e apparenze ai normali calcoli di supervisione del linguaggio che coinvolgono robot per gestire e rispondere al linguaggio umano. Lungo il percorso, analizzeremo le diverse spiegazioni dietro il movimento meccanico attraverso attività e spazi infiniti. Esamineremo il modo in cui i robot stanno cambiando le riunioni e i fattori produttivi, appianando i processi creativi e migliorando la capacità di creare. Scopriremo come i robot stanno cambiando i vantaggi clinici, aiutando professionisti qualificati e accompagnatori negli sforzi, nel recupero e nelle considerazioni degli anziani. Scopriremo come i robot stanno rimodellando i trasporti e la navigazione, dai veicoli a guida autonoma e dai robot ai drifter planetari e ai sommergibili oceanici lontani. Ma la nostra valutazione su cosa accadrà al movimento meccanico non si limiterà ai soli aggiornamenti creativi. Di conseguenza, lotteremo con le conseguenze morali, sociali e filosofiche di un mondo popolato da macchine affilate. Considereremo le richieste di indipendenza e associazione, nonché il possibile effetto dei meccanismi di alto livello sul lavoro, sulla diversità e sulla prosperità umana. Inoltre, prenderemo in considerazione la possibilità di rimanere nella nostra realtà stabile in cui persone e robot si abbinano, si uniscono e, forse, strutturano persino legami mostruosi. Mentre oscilliamo ulteriormente nelle complessità del movimento meccanico, dovremmo scontrarci con le contemplazioni morali che ne derivano. il rapido miglioramento di questo campo. Emergono domande sugli esiti etici dell'allestimento di macchine con il sospetto di corsi gratuiti e sulle conseguenze inevitabili comuni di tali attività. Il piano morale che consolida la meccanica avanzata integra questioni di successo, realizzazione e obbligo, influenzando le conversazioni sugli elementi essenziali affinché le grandi norme funzionino con il cambiamento degli eventi e l'invio di sistemi automatizzati. Inoltre, l'effetto sociale della tecnologia all'avanguardia la meccanica non può essere conferita piacevolmente. La fusione dei robot in diversi elementi di presenza standard può modificare i piani e gli standard sociali, rimodellando il modo in cui viviamo, lavoriamo e otteniamo risultati. Se da un lato la robotizzazione offre l'impegno ad aumentare la ragionevolezza e le capacità, dall'altro solleva preoccupazioni riguardo allo sdoganamento del lavoro e alle differenze legate al denaro, inclusa la necessità di affrontare queste difficoltà attraverso misure sistemiche acute e iniziative sociali. In linea con queste riflessioni morali e sociali , il campo del miglioramento meccanico continua ad espandere i limiti del progresso meccanico. Specialisti e specialisti stanno ricercando nuovi ambiti nel delicato movimento meccanico, nel piano bio-misto e nella collusione uomo-robot, aspettandosi di coltivare robot che siano più talentuosi e più adattabili, forti e aperti alle necessità degli esseri umani. Guardando al futuro, la possibile predeterminazione della meccanica più moderna comporta sia responsabilità che probabilità. Da un lato, il progresso meccanico può potenziare gli obiettivi umani, lavorare sulla soddisfazione ordinata,e affrontare la sconfitta considerando tutto, dai pensieri e bisogni clinici al valore standard e alla reazione al disastro. D'altra parte, l'estrema estensione dei miglioramenti meccanici potrebbe alimentare attributi incoerenti esistenti, supportare spettacoli socialmente poco raccomandabili e persino porre pericoli esistenziali per l'umanità. Nel valutare questa scena radiosa, dovremmo spingere verso la predeterminazione della meccanica di alto livello con modestia, informazione e intuizione. Attraversando la forza del progresso per la prosperità di tutti e rimanendo consapevoli delle tipiche espansioni di empatia, valore e forza, possiamo garantire che l'obbligo di una meccanica all'avanguardia si trovi in affinità a beneficio di tutta l'umanità. Partiamo per questo viaggio nel possibile destino dei meccanici di alto livello, abbracciamo le potenziali porte d'ingresso che si prospettano e vediamo anche le difficoltà che dovrebbero essere affrontate. Insieme, possiamo dare forma a un futuro in cui i robot e le persone si adattano perfettamente, unendosi per incorporare un mondo meraviglioso e più prospero da questo momento fino a molto tempo a venire, senza fine e incessantemente a venire. sviluppo, vedere il potenziale del lavoro con impegno e associazione tra persone e macchine è fondamentale. Invece di concentrarci sui robot come chiari congegni o sostituti del lavoro umano, possiamo immaginare un futuro in cui le persone e i robot completano a vicenda qualità ed obiettivi, orchestrando sinergicamente per gestire problemi complessi e raggiungere obiettivi comuni. Un distretto in cui questo punto di vista coerente è particolarmente il sollevamento rientra nel campo dello sviluppo meccanico assistito. I robot assistivi possono rianimare la soddisfazione specifica delle persone con indiscrezioni o limiti legati all'età, offrendo aiuto con attività tipiche, trasportabilità e corrispondenza. Ricordando i progressi nel pensiero robotizzato e nei progressi dei sensori, i robot assistivi possono adattarsi alle principali necessità e affinità dei loro clienti, associandosi con loro per vivere in modo più diretto e autonomo. Allo stesso modo, nell'ambito dei vantaggi clinici, i robot possono probabilmente essere fondamentali accessori per specialisti con formazione clinica, incoraggiando le loro capacità e il loro benessere a trovare un modo per orchestrare i risultati. I robot attenti, ad esempio, possono aiutare gli specialisti con precisione e abilità, riducendo il rischio di errori umani e attirando progetti interferenti irrilevanti con tempi di recupero più rapidi. I robot possono inoltre essere utilizzati in applicazioni di telemedicina, riunioni di coppia e visite di pazienti, soprattutto in aree scarsamente servite o distanti. Oltre ai vantaggi clinici, i robot sono in grado di cambiare le relazioni, passando dall'agroalimentare e dallo sviluppo alla vendita al dettaglio e all'atteggiamento gentile. Nella produzione, i robot dotati di sensori di alto livello e di analisi dei dati ricostruite possono anche impegnarsi nei raccolti su cui lavorano i pionieri, aumentando i rendimenti e limitando gli effetti standard. Una volta realizzati, i robot possono aiutare in attività come la muratura, la saldatura e la distruzione, diffondendo ulteriormente la ragionevolezza e prosperando nei luoghi di lavoro. Nel commercio al dettaglio e nell'energia, i robot possono ristabilire la sponsorizzazione dei clienti e agevolare il lavoro, dalle casse elettroniche e i rapporti di magazzino

Il cambiamento all'avanguardia: la presentazione dell'innovazione meccanica pratica L'Advanced Agitation ha presentato un altro momento per l'innovazione meccanica. Con l'avvento degli uffici moderni e della produzione su larga scala, il prerequisito per le macchine robotizzate per svolgere compiti noiosi ha finito per diventare dinamicamente evidente. I robot attuali erano meno meravigliosi delle macchine del periodo precedente, concentrandosi sulla comodità invece che sulla mimica sbalorditiva. Uno dei primi modelli è il telaio a vapore progettato da Jacquard nel 1801.

Questa macchina utilizzava schede perforate per controllare il processo di torsione, un risultato fondamentale nel miglioramento delle macchine programmabili. A lungo termine, questi robot avanzati finirono per essere sempre più sbalorditivi, gettando le basi per la motorizzazione che descrive la produzione odierna.

Il 20° Cento anni: verso macchine affilate Il 20° secolo ha visto una sorprendente velocità di espansione nel campo dell'innovazione meccanica. La realizzazione del semiconduttore nel 1947 ridusse i dispositivi, progettando ulteriori robot senza pretese e più versatili.

Eminenti ricercatori come George Devol e Joseph Engelberger hanno incoraggiato il principale robot odierno con bracci programmabili negli anni '50. Questo miglioramento ha significato una svolta fondamentale, poiché ora i robot potevano essere acclimatati per svolgere una maggiore quantità di attività. L'ultima metà del secolo vide ulteriori movimenti nell'innovazione meccanica, con l'ascesa della programmazione e del pensiero modernizzato (conoscenza rievocata). La possibilità che i robot eseguano compiti, scelgano e si adattino alla situazione in corso, ha iniziato a funzionare come previsto. Strutture visive, sensori e innegabili calcoli di controllo del livello hanno permesso ai robot di collaborare con il mondo in un modo davvero sconcertante. Un punto di vista evidente sullo sviluppo meccanico: il costante progresso meccanico è la conseguenza di una ricca tradizione sostenibile che va oltre ciò che molti considererebbero possibile. per restare e disperdersi in convinzioni estreme più prestabilite. Di seguito sono riportati alcuni risultati importanti in questa usanza: Residuo: le vecchie fondazioni comunitarie avevano i loro tipi di robot e congegni meccanici. Ad esempio, gli obsoleti greci realizzarono automi complessi, il famoso "Piccione di Archita" e "Lo specialista meccanico" di Legend of Alexandria. Epoche alle affiliazioni di sale e alle associazioni di escort. Tuttavia, mentre accettiamo l'ostacolo dei meccanismi più avanzati nel cambiare altri settori della società, dovremmo rimanere consapevoli dei pericoli e affrontarli con lo sviluppo creativo. Le preoccupazioni sulla conferma, sulla sicurezza e sul normale abuso della progressione meccanica dovrebbero basarsi su protezioni attive e piani amministrativi. Inoltre, si dovrebbe cercare di liberare l'effetto della robotizzazione sui posti di lavoro e sui lavoratori, garantendo che le opzioni comuni dello sviluppo meccanico siano sufficientemente appropriate in tutta la società. Tutto sommato, il destino specifico dello sviluppo meccanico comporta un impegno titanico nel muovere il successo umano e focalizzarsi su ragionevoli tentativi di distruggere la nostra realtà coerente. Attirando tentativi e connessioni tra persone e macchine, possiamo gestire la forza eccezionale del miglioramento meccanico per creare un futuro più centrale, giusto e sensato per tutti. Mentre intraprendiamo questa escursione nei deboli, facciamolo con il pensiero positivo, una corteccia frontale innovativa e l'obbligo di aiutare a fondere un mondo abbagliante da ora in poi, continuamente.una corteccia frontale innovativa e l'obbligo di aiutare a fondere un mondo abbagliante da questo momento in poi, continuamente.una corteccia frontale innovativa e l'obbligo di aiutare a fondere un mondo abbagliante da questo momento in poi, continuamente.

## Sviluppo della tecnologia meccanica dalla finzione al mondo reale

*Primi stadi iniziali: l'automazione delle attività con le macchine richiede molti anni. I primi creatori ed esperti organizzarono congegni meccanici che avrebbero dovuto duplicare gli eventi umani.*

Ad esempio, i ritratti di cavalieri meccanici e automi di Leonardo da Vinci nel XV secolo sono i primi tentativi di realizzare macchine umanoidi. In ogni caso, è stato solo nel XX secolo che il detto "robot" è stato coniato dal saggista ceco Karel Čapek nella sua opera teatrale "RUR" (Rossum's Global Robots) del 1920. Questi robot erano creature fasulle create per svolgere lavori per individui, accendendo l'interesse del pubblico per l'idea. Il sconvolgimento all'avanguardia: il gigantesco balzo in avanti nell'innovazione meccanica si è verificato durante il Cambiamento Avanzato. Ingegneri promotori come George Devol e Joseph Engelberger introdussero gli attuali robot negli anni '50. Questi primi robot venivano essenzialmente utilizzati nella raccolta di piante per eseguire attività eccessive e rischiose come la saldatura e la verniciatura. Sorprendentemente, l'Unimate, prodotto da Devol ed Engelberger, fu presentato in uno stabilimento di produzione della General Motors nel 1961. Gradi di progresso nell'informatizzazione: con il progredire dello sviluppo, aumentarono anche i limiti dei robot. La metodologia dei chip dei computer e dei sistemi di controllo dei PC negli anni '70 e '80 ha sviluppato sviluppi degli eventi più avanzati e precisi. I robot non erano comunemente limitati a compiti prolungati; potevano acclimatarsi alle mutevoli condizioni ed eseguire esercizi complessi. L'ascesa dei robot piacevoli (Cobot): ultimamente è emersa un'altra categoria di robot: robot utili o "cobot". A differenza dei loro predecessori, che per la maggior parte del tempo si ritiravano in luoghi recintati per ragioni di prosperità, ci si aspetta che i cobot lavorino vicino alle persone, lavorando sulle loro capacità invece di sostituirle. Questo progresso ha aperto ulteriori porte alla motorizzazione in organizzazioni come la considerazione clinica, i compiti e la creazione di ambiti limitati. Innovazione meccanica nei vantaggi clinici: uno degli ambiti più rassicuranti per l'innovazione meccanica sono i vantaggi clinici. I robot cauti, simili al da Vinci Cautious System, hanno cambiato i metodi offrendo maggiore precisione e riducendo la prominenza. I robot vengono inoltre utilizzati per compiti come ricostruire trattamenti e vecchi pensieri e fornire assistenza e sostegno ai pazienti.

## Capitolo 2: I sistemi di vita dei robot: capire le loro parti e il loro funzionamento

*I robot, quelle meraviglie del piano e della mente creativa, vengono realizzate coinvolgendo strutture e parti confuse che funzionano all'unisono per mettere in scena una folla di tentativi. Comprendere i piani in corso dei robot significa capirne le capacità, gli obiettivi e le applicazioni ragionevoli. In questo segmento tralasceremo l'esplorazione delle attività interne della meccanica avanzata dei nostri giorni, addentrandoci nelle parti e nei lavori che fanno funzionare i robot.*

Alla base della combinazione di ogni robot sta il suo nuovo sviluppo meccanico, o scheletro, che dà la costruzione alle sue imprese. Lo scheletro si muove, in generale, a seconda della forma e della protezione del robot, passando dai bracci regolatori trasparenti utilizzati nelle ambientazioni odierne a complessi corpi umanoidi realizzati con piani di gioco per la coalizione di tipo umano.

I materiali utilizzati nella costruzione dello scheletro possono inoltre muoversi, mentre metalli, plastica e compositi sono scelte generalmente comuni. Sulla confezione sono montati gli attuatori, i muscoli del robot che attivano l'avanzamento e il controllo. Gli attuatori sono disponibili in vari modelli, inclusi motori elettrici, camere pneumatiche e strutture a trazione, ciascuno dei quali si adatta a compiti e condizioni diversi. I motori elettrici, ad esempio, vengono utilizzati in modo affidabile nei giunti meccanici e nei punti più lontani in termini di precisione e controllabilità, mentre gli attuatori pneumatici vincono in applicazioni che richiedono aree forti e veloci per gli attuatori, i robot sono dotati di sensori che valutano le loro variabili tipiche e all'interno stato. I sensori sono molto probabilmente gli occhi, le orecchie e i recettori materiali del robot, che gli consentono di vedere e interfacciarsi con il mondo. I normali tipi di sensori includono telecamere, scanner LiDAR (Light District and Running), sensori locali e sensori di potenza/forza, ciascuno dei quali soddisfa un'acuta esigenza nell'enorme kit di strumenti del robot.

La psiche del robot, la sua struttura di controllo, elabora le informazioni dai sensori e invia le vendite agli attuatori, risolvendo i suoi nuovi giri di eventi e modi di gestire l'azione. Le strutture di controllo possono variare da piani di esercizi principali e pre-modificati a stime attuali e versatili che imparano e si adattano alle condizioni di creazione. I progressi nella comprensione operata dall'uomo e nell'imitazione dei dati hanno favorito lo sviluppo di robot razionalmente veloci e liberi, predisposti per percorsi complessi e per la risoluzione di problemi. Al di là delle sue parti originali, i robot non sono vincolati dalla programmazione, il codice di programmazione che guida il loro metodo per gestire la recitazione e la praticità. La programmazione ha un effetto fondamentale nel rappresentare le capacità del robot, dal miglioramento del controllo e del portamento della testa all'acutezza all'avanguardia e ai calcoli dinamici. Linguaggi di programmazione come C++, Python e MATLAB sono utilizzati in modo affidabile nel miglioramento della meccanica all'avanguardia, attirando i fashionisti a coordinare, duplicare e trasportare sistemi robotizzati con facilità. Infine, i robot fanno affidamento per gran parte del loro tempo su fonti di energia come batterie, energia unità o alimentatori esterni per funzionare.

La scelta della fonte di alimentazione dipende da fattori quali le dimensioni del robot, i principi di versatilità e le valutazioni dell'abbondanza di energia. I robot controllati a batteria offrono praticità e adattabilità, mentre i robot possono trarre energia da concentrazioni focali esterne per operazioni ampliate. Una volta realizzati, i progetti in corso dei robot uniscono una caratteristica sostitutiva delle parti e funzionano in questo modo per coinvolgere le loro capacità e modi. degli atti gestionali. Dallo sviluppo meccanico e attuatori ai sensori, alle strutture di controllo, alla programmazione e alle fonti di energia, ogni parte gioca un ruolo fondamentale nell'inutilità della disposizione e dell'interruzione del robot. Comprendendo i compiti interiori dei robot, otteniamo informazioni sulle loro applicazioni logiche e sulle sfide legate all'organizzazione e all'invio nel mondo certificato. Inoltre, il coordinamento e lo sforzo di queste parti che cooperano sono alla base del buon giudizio di un robot in varie attività. e condizioni. Ad esempio, in un contesto di riunione, lo sviluppo meccanico e gli attuatori di un robot gli consentono di controllare gli oggetti con precisione e velocità, mentre i suoi sensori valutano per garantire un coordinamento indiscutibile e un controllo di qualità. Nel frattempo, la struttura di controllo lavora con questi esercizi, adattandosi costantemente ai cambiamenti nella linea di creazione o alle condizioni comuni. In circostanze più straordinarie, ad esempio, valutazioni all'aperto o risposta a disastri, i robot si affidano a un mix di sensori e programmazione per guardare e parlare. energeticamente con le loro parti regolari. I sensori LiDAR, ad esempio, danno limiti all'organizzazione 3D, consentendo ai robot di vedere gli ostacoli e pianificare percorsi ideali attraverso scene complesse. Nel frattempo, le valutazioni dei dati copiate inducono i robot a vedere e ad adattarsi a nuove condizioni, attingendo alle esperienze passate per affrontare il loro spettacolo nel tempo. Inoltre, la mentalità e la versatilità dei sistemi motorizzati implicano la personalizzazione e il raggruppamento per trasmettere tentativi ed elementi essenziali. I robot possono essere dotati di appositi attuatori finali, ad esempio pinze, tazze di trazione o gadget, per svolgere un gran numero di tentativi: dalla raccolta e posizionamento di oggetti alla saldatura, verniciatura o comunque allo svolgimento di attività delicate. Inoltre, i piani ritirati portano alla divisione della distinzione tra nuovi sensori, attuatori o moduli di programmazione man mano che il progresso avanza, garantendo che i robot rimangano flessibili e aggiornati. Mentre il miglioramento meccanico continua a verificarsi, lo sforzo interdisciplinare ha un effetto enorme sulla guida il campo. Ingegneri, analisti PC, clinici mentali ed esperti spaziali di vari campi collaborano per incoraggiare risposte creative a questioni complesse, traendo ispirazione dalla scienza, dalle neuroscienze e da varie discipline. Utilizzando gli incontri con la natura e sfruttando il potere della valutazione interdisciplinare, i ricercatori possono realizzare robot utili e razionali oltre che perfetti, versatili e sostenibili. Alla fine, i progetti di flusso dei robot affrontano un mix di piano,scienza e personaggi creativi, incitando macchine in grado di estendere e gestire i limiti umani in vari contesti. Comprendendo le parti e il funzionamento dei robot per articoli per la cura della bellezza, otteniamo informazioni sulle loro applicazioni ordinarie e sui punti limite, nonché sulle difficoltà e sugli ingressi che ci attendono. Guardando al futuro, il destino certo delle meccaniche all'avanguardia racchiude un potenziale mostruoso per la svolta extra di eventi e rivelazioni. Man mano che il progresso continua a muoversi, i robot finiranno per essere intensamente integrati nei nostri piani standard, disturbando progetti, affiliazioni e, sorprendentemente, i nostri sforzi congiunti. Dai veicoli gratuiti e dai robot di trasporto ai grandi assistenti meccanizzati, le porte per il progresso meccanico sono limitate essenzialmente dai nostri caratteri innovativi e dalla nostra ingegnosità. Un ambiente insolitamente convincente è lo sviluppo di meccanici di livello inconfutabili e sensibili, mossi dalla biomeccanica dei componenti viventi abituali. I robot sensibili vengono trasportati utilizzando materiali versatili che riflettono la flessibilità e la versatilità dei tessuti standard, considerando i tessuti formati protetti e fragili con persone e cose delicate. Gli utilizzi di miglioramenti meccanici fragili spaziano da aggeggi clinici e protesi a esoscheletri indossabili e pinze complesse per la regolazione di oggetti delicati. Un altro vantaggio nella ricerca meccanica migliore della categoria è la valutazione di infiniti meccanici migliori della categoria, convinti dalle modalità totali di gestire l'azione di insetti sociali come insetti e calabroni. I robot dello sciame dovrebbero partecipare a grandi riunioni per realizzare attività complesse che sarebbero pericolose o sconcertanti da realizzare per un robot solitario. Casi di un gran numero di applicazioni di avanzamento meccanico si uniscono a missioni di inseguimento e salvataggio, controlli standard e progetti di miglioramento. Inoltre, i progressi nel pensiero meccanizzato e nella consapevolezza creata dall'uomo stanno coinvolgendo i robot nell'apprendimento e nel conformarsi alle loro parti normali in modo trasparente. Supportare le valutazioni dell'apprendimento, in modo inequivocabile, concedere ai robot il supporto di nuovi endpoint attraverso prove ed errori, perfezionando la lunghezza fondamentale del lead e ispezionando le loro esperienze. Questo limite apre ulteriori aree in cui i robot possono lavorare in circostanze non strutturate e dinamiche, dalle attività familiari e dall'assistenza individuale alla valutazione dello spazio e all'analisi ridotta. Tuttavia, man mano che i robot diventano più organizzati nel campo pubblico, è fondamentale affrontare le valutazioni morali, sociali e finanziarie legate al loro invio. Le preoccupazioni relative alla fuga di lavoro, all'approvazione, alla sicurezza e alle affinità algoritmiche dovrebbero essere attentamente considerate e affrontate attraverso regole precise, semplicità e obblighi.così come le difficoltà e gli ingressi che ci attendono. Guardando al futuro, il destino certo delle meccaniche all'avanguardia racchiude un potenziale mostruoso per la svolta extra di eventi e rivelazioni. Man mano che il progresso continua a muoversi, i robot finiranno per essere intensamente integrati nei nostri piani standard, disturbando progetti, affiliazioni e, sorprendentemente, i nostri sforzi congiunti. Dai veicoli gratuiti e dai robot di trasporto ai grandi assistenti meccanizzati, le porte per il progresso meccanico sono limitate essenzialmente dai nostri caratteri innovativi e dalla nostra ingegnosità. Un ambiente insolitamente convincente è lo sviluppo di meccanici di livello inconfutabili e sensibili, mossi dalla biomeccanica dei componenti viventi abituali. I robot sensibili vengono trasportati utilizzando materiali versatili che riflettono la flessibilità e la versatilità dei tessuti standard, considerando i tessuti formati protetti e fragili con persone e cose delicate. Gli utilizzi di miglioramenti meccanici fragili spaziano da aggeggi clinici e protesi a esoscheletri indossabili e pinze complesse per la regolazione di oggetti delicati. Un altro vantaggio nella ricerca meccanica migliore della categoria è la valutazione di infiniti meccanici migliori della categoria, convinti dalle modalità totali di gestire l'azione di insetti sociali come insetti e calabroni. I robot dello sciame dovrebbero partecipare a grandi riunioni per realizzare attività complesse che sarebbero pericolose o sconcertanti da realizzare per un robot solitario. Casi di un gran numero di applicazioni di avanzamento meccanico si uniscono a missioni di inseguimento e salvataggio, controlli standard e progetti di miglioramento. Inoltre, i progressi nel pensiero meccanizzato e nella consapevolezza creata dall'uomo stanno coinvolgendo i robot nell'apprendimento e nel conformarsi alle loro parti normali in modo trasparente. Supportare le valutazioni dell'apprendimento, in modo inequivocabile, concedere ai robot il supporto di nuovi endpoint attraverso prove ed errori, perfezionando la lunghezza fondamentale del lead e ispezionando le loro esperienze. Questo limite apre ulteriori aree in cui i robot possono lavorare in circostanze non strutturate e dinamiche, dalle attività familiari e dall'assistenza individuale alla valutazione dello spazio e all'analisi ridotta. Tuttavia, man mano che i robot diventano più organizzati nel campo pubblico, è fondamentale affrontare le valutazioni morali, sociali e finanziarie legate al loro invio. Le preoccupazioni relative alla fuga di lavoro, all'approvazione, alla sicurezza e alle affinità algoritmiche dovrebbero essere attentamente considerate e affrontate attraverso regole precise, semplicità e obblighi.così come le difficoltà e gli ingressi che ci attendono. Guardando al futuro, il destino certo delle meccaniche all'avanguardia racchiude un potenziale mostruoso per la svolta extra di eventi e rivelazioni. Man mano che il progresso continua a muoversi, i robot finiranno per essere intensamente integrati nei nostri piani standard, disturbando progetti, affiliazioni e, sorprendentemente, i nostri sforzi congiunti. Dai veicoli gratuiti e dai robot di trasporto ai grandi assistenti meccanizzati, le porte per il progresso meccanico sono limitate essenzialmente dai nostri caratteri innovativi e dalla nostra ingegnosità. Un ambiente insolitamente convincente è lo sviluppo di meccanici di livello inconfutabili e sensibili, mossi dalla biomeccanica dei componenti viventi abituali. I robot sensibili vengono trasportati utilizzando materiali versatili che riflettono la flessibilità e la versatilità dei tessuti standard, considerando i tessuti formati protetti e fragili con persone e cose delicate. Gli utilizzi di miglioramenti meccanici fragili spaziano da aggeggi clinici e protesi a esoscheletri indossabili e pinze complesse per la regolazione di oggetti delicati. Un altro vantaggio nella ricerca meccanica migliore della categoria è la valutazione di infiniti meccanici migliori della categoria, convinti dalle modalità totali di gestire l'azione di insetti sociali come insetti e calabroni. I robot dello sciame dovrebbero partecipare a grandi riunioni per realizzare attività complesse che sarebbero pericolose o sconcertanti da realizzare per un robot solitario. Casi di un gran numero di applicazioni di avanzamento meccanico si uniscono a missioni di inseguimento e salvataggio, controlli standard e progetti di miglioramento. Inoltre, i progressi nel pensiero meccanizzato e nella consapevolezza creata dall'uomo stanno coinvolgendo i robot nell'apprendimento e nel conformarsi alle loro parti normali in modo trasparente. Supportare le valutazioni dell'apprendimento, in modo inequivocabile, concedere ai robot il supporto di nuovi endpoint attraverso prove ed errori, perfezionando la lunghezza fondamentale del lead e ispezionando le loro esperienze. Questo limite apre ulteriori aree in cui i robot possono lavorare in circostanze non strutturate e dinamiche, dalle attività familiari e dall'assistenza individuale alla valutazione dello spazio e all'analisi ridotta. Tuttavia, man mano che i robot diventano più organizzati nel campo pubblico, è fondamentale affrontare le valutazioni morali, sociali e finanziarie legate al loro invio. Le preoccupazioni relative alla fuga di lavoro, all'approvazione, alla sicurezza e alle affinità algoritmiche dovrebbero essere attentamente considerate e affrontate attraverso regole precise, semplicità e obblighi.Un ambiente insolitamente convincente è lo sviluppo di una meccanica di livello inconfutabile e sensibile, mossa dalla biomeccanica delle parti abituali viventi. I robot sensibili vengono trasportati utilizzando materiali versatili che riflettono la flessibilità e la versatilità dei tessuti standard, considerando i tessuti formati protetti e fragili con persone e cose delicate. Gli utilizzi di miglioramenti meccanici fragili spaziano da aggeggi clinici e protesi a esoscheletri indossabili e pinze complesse per la regolazione di oggetti delicati. Un altro vantaggio nella ricerca meccanica migliore della categoria è la valutazione di infiniti meccanici migliori della categoria, convinti dalle modalità totali di gestire l'azione di insetti sociali come insetti e calabroni. I robot dello sciame dovrebbero partecipare a grandi riunioni per realizzare attività complesse che sarebbero pericolose o sconcertanti da realizzare per un robot solitario. Casi di un gran numero di applicazioni di avanzamento meccanico si uniscono a missioni di inseguimento e salvataggio, controlli standard e progetti di miglioramento. Inoltre, i progressi nel pensiero meccanizzato e nella consapevolezza creata dall'uomo stanno coinvolgendo i robot nell'apprendimento e nel conformarsi alle loro parti normali in modo trasparente. Supportare le valutazioni dell'apprendimento, in modo inequivocabile, concedere ai robot il supporto di nuovi endpoint attraverso prove ed errori, perfezionando la lunghezza fondamentale del lead e ispezionando le loro esperienze. Questo limite apre ulteriori aree in cui i robot possono lavorare in circostanze non strutturate e dinamiche, dalle attività familiari e dall'assistenza individuale alla valutazione dello spazio e all'analisi ridotta. Tuttavia, man mano che i robot diventano più organizzati nel campo pubblico, è fondamentale affrontare le valutazioni morali, sociali e finanziarie legate al loro invio. Le preoccupazioni relative alla fuga di lavoro, all'approvazione, alla sicurezza e alle affinità algoritmiche dovrebbero essere attentamente considerate e affrontate attraverso regole precise, semplicità e obblighi.Un ambiente insolitamente convincente è lo sviluppo di una meccanica di livello inconfutabile e sensibile, mossa dalla biomeccanica delle parti abituali viventi. I robot sensibili vengono trasportati utilizzando materiali versatili che riflettono la flessibilità e la versatilità dei tessuti standard, considerando i tessuti formati protetti e fragili con persone e cose delicate. Gli utilizzi di miglioramenti meccanici fragili spaziano da aggeggi clinici e protesi a esoscheletri indossabili e pinze complesse per la regolazione di oggetti delicati. Un altro vantaggio nella ricerca meccanica migliore della categoria è la valutazione di infiniti meccanici migliori della categoria, convinti dalle modalità totali di gestire l'azione di insetti sociali come insetti e calabroni. I robot dello sciame dovrebbero partecipare a grandi riunioni per realizzare attività complesse che sarebbero pericolose o sconcertanti da realizzare per un robot solitario. Casi di un gran numero di applicazioni di avanzamento meccanico si uniscono a missioni di inseguimento e salvataggio, controlli standard e progetti di miglioramento. Inoltre, i progressi nel pensiero meccanizzato e nella consapevolezza creata dall'uomo stanno coinvolgendo i robot nell'apprendimento e nel conformarsi alle loro parti normali in modo trasparente. Supportare le valutazioni dell'apprendimento, in modo inequivocabile, concedere ai robot il supporto di nuovi endpoint attraverso prove ed errori, perfezionando la lunghezza fondamentale del lead e ispezionando le loro esperienze. Questo limite apre ulteriori aree in cui i robot possono lavorare in circostanze non strutturate e dinamiche, dalle attività familiari e dall'assistenza individuale alla valutazione dello spazio e all'analisi ridotta. Tuttavia, man mano che i robot diventano più organizzati nel campo pubblico, è fondamentale affrontare le valutazioni morali, sociali e finanziarie legate al loro invio. Le preoccupazioni relative alla fuga di lavoro, all'approvazione, alla sicurezza e alle affinità algoritmiche dovrebbero essere attentamente considerate e affrontate attraverso regole precise, semplicità e obblighi.i progressi nel pensiero meccanizzato e nella consapevolezza creata dall'uomo stanno coinvolgendo i robot nell'apprendimento e nel conformarsi alle loro parti regolari in modo trasparente. Supportare le valutazioni dell'apprendimento, in modo inequivocabile, concedere ai robot il supporto di nuovi endpoint attraverso prove ed errori, perfezionando la lunghezza fondamentale del lead e ispezionando le loro esperienze. Questo limite apre ulteriori aree in cui i robot possono lavorare in circostanze non strutturate e dinamiche, dalle attività familiari e dall'assistenza individuale alla valutazione dello spazio e all'analisi ridotta. Tuttavia, man mano che i robot diventano più organizzati nel campo pubblico, è fondamentale affrontare le valutazioni morali, sociali e finanziarie legate al loro invio. Le preoccupazioni relative alla fuga di lavoro, all'approvazione, alla sicurezza e alle affinità algoritmiche dovrebbero essere attentamente considerate e affrontate attraverso regole precise, semplicità e obblighi.i progressi nel pensiero meccanizzato e nella consapevolezza creata dall'uomo stanno coinvolgendo i robot nell'apprendimento e nel conformarsi alle loro parti regolari in modo trasparente. Supportare le valutazioni dell'apprendimento, in modo inequivocabile, concedere ai robot il supporto di nuovi endpoint attraverso prove ed errori, perfezionando la lunghezza fondamentale del lead e ispezionando le loro esperienze. Questo limite apre ulteriori aree in cui i robot possono lavorare in circostanze non strutturate e dinamiche, dalle attività familiari e dall'assistenza individuale alla valutazione dello spazio e all'analisi ridotta. Tuttavia, man mano che i robot diventano più organizzati nel campo pubblico, è fondamentale affrontare le valutazioni morali, sociali e finanziarie legate al loro invio. Le preoccupazioni relative alla fuga di lavoro, all'approvazione, alla sicurezza e alle affinità algoritmiche dovrebbero essere attentamente considerate e affrontate attraverso regole precise, semplicità e obblighi.

Inoltre, i tentativi di autorizzare la fusione e il pensiero nel lavoro creativo di miglioramento meccanico mirano a garantire che gli sviluppi ragionevoli del progresso meccanico siano ragionevolmente sparsi tra tutte le affiliazioni. Alla fine, il possibile destino degli obblighi di miglioramento meccanico sarà quello di essere sia progresso che sperimentazione, mentre continuiamo a promuovere le necessità di ciò che è possibile con macchine affilate. Facendo sforzi interdisciplinari, abbracciando riunioni e pensiero e concentrandosi sulla svolta etica e attenta degli eventi, possiamo sfruttare la straordinaria forza dello sviluppo tecnologico per garantire, a un livello estremamente essenziale e davvero accattivante, un futuro ragionevole per tutti. Mentre intraprendiamo questo viaggio nel futuro, restiamo concentrati sulle nostre caratteristiche e necessità, sforzandoci di creare una realtà in cui robot e individui possano vincere insieme. Nonostante i progressi della meccanica, il destino specifico della meccanica moderna sarà illustrato in modo corrispondente da meravigliosi punti di vista e dati sociali. Man mano che i robot diventano sempre più standard nei nostri piani per la maggior parte comuni, è fondamentale inserire una storia positiva e cauta sul loro lavoro e sui potenziali obblighi. Questo corso non riguarda solo la presenza di tutti, ma piuttosto i punti finali e gli obiettivi dei robot, nonché lo stimolo della simpatia, della comprensione e dello sforzo congiunto tra persone e macchine. Inoltre, la combinazione di robot nel campo pubblico richiederà un rapido esame di piani epici e significativi per garantire la realizzazione, la sicurezza e l'uso morale di nuove svolte meccaniche degli eventi. I politici e gli abbellimenti dovrebbero cercare di connettersi con scelte e decisioni che risolvano i disagi emergenti e corsi in meccanismi di alto livello, dalla sicurezza dei dati e una prosperità moderata al rischio e all'obbligo di continuare a riconoscere che dovrebbe emergere un evento di catastrofi o influenze.

Nel frattempo, tentare di democratizzare il consenso per il progresso e lo schema della meccanica di livello indiscutibile è fondamentale per creare un ulteriore nuovo sviluppo e aiutare le persone e le relazioni a partecipare all'inutilità della predeterminazione della meccanica di livello evidente. La spinta, ad esempio, il materiale open source e le fasi di programmazione, gli spazi di creazione e il miglioramento meccanico forniscono strade allo sforzo congiunto e al successo, attirando voci e punti di vista diversi da aggiungere alla progressione delle meccaniche di livello ovvio. Allo stesso modo, man mano che i robot si legano alla cultura umana, è enorme considerare le ripercussioni morali e filosofiche delle esperienze uomo-robot. Le richieste di indipendenza, associazione e possibilità di cure si riveleranno enormi man mano che i robot diventeranno più raffinati e liberi. È convincente spingere verso questi piani con umiltà, empatia e verifica di valori come considerazione, congruità e bontà. Infine, il destino inevitabile del miglioramento meccanico racchiude un impegno titanico nel spingere le persone ad avere successo e a definire nuove strade per il progresso e la semplicità. Accettando l'ostacolo al miglioramento meccanico e concentrandoci al contempo sui carichi morali, sociali e sociali che accompagnano la loro divisione agli occhi del pubblico, possiamo creare un futuro in cui robot e persone si accordano in modo affascinante, condividendo per creare un mondo ineguagliabile da ora in poi. il futuro prevedibile, senza fine, senza fine, incessante. Mentre procediamo in questa avventura nel delicato, restiamo fedeli alle nostre qualità e ai nostri fondamenti, cercando di creare un futuro in cui il miglioramento sia al servizio degli obiettivi e dei bisogni più ambiziosi dell'umanità.

# Indagare le attività interiori della meccanica avanzata odierna

**Ultimi progressi nella meccanica applicata:** Le procedure del Laboratorio Virtuale sulla Meccanica Applicata (VSAM 2021) forniscono informazioni significative sulle progressioni meccaniche nella meccanica forte, nella meccanica dei liquidi e nella progettazione biomedica.

Specialisti di spicco provenienti da tutto il mondo hanno partecipato a questo incontro, coprendo argomenti, ad esempio, esami matematici sulla generazione di onde Sheep non dirette attraverso superfici delaminate in strutture di piastre composite indurite. La trasmissione dei dati di eccitazione si basa su raccoglitori di energia a sbalzo. Modelli di campo applicati alla fessurazione dei solidi. La riproduzione si concentra sulla proliferazione del potenziale di attività nel tessuto epicardico a causa dei cambiamenti di qualità. Valutazione delle condizioni limite di effusione in DNS di violenti flussi di mosca. Impatto dell'infusione fluidica sulla lunghezza centrale dei piani sonici rettangolari. Diffusione dello stress in piastre molto lunghe con aperture rotonde. Idee intelligenti per sensori per valutazioni modulari di estensioni esposte ad eccitazioni arbitrarie e di veicoli. Indagine balistica sulla struttura in polietilene unidirezionale ad altissimo spessore subatomico impregnato con addensante per taglio. Inoltre, molto di più! 2. Ricreazioni subatomiche: sebbene non direttamente collegate alla meccanica, le riproduzioni subatomiche svolgono un ruolo significativo nella comprensione delle proprietà fisiche dei composti delle strutture della materia densa. Queste ricreazioni consolidano le tecniche matematiche con la capacità del PC di affrontare le connessioni tra particelle o atomi. Meccanica vecchio stile: la meccanica classica funge da base per risolvere problemi dinamici complessi. È fondamentale per quanto riguarda le strutture meccaniche e per comprendere gli aspetti pratici della meccanica quantistica e della scienza fisica misurabile.

## Capitolo 3: Meccanica di alto livello nell'industria: cambiamento del collezionismo e della creazione

*Lo spazio di raccolta e creazione ha subito un enorme cambiamento con la fusione dell'innovazione meccanica nei cicli odierni. Dai sistemi di sviluppo consecutivo dei veicoli agli impianti di produzione di attrezzature, i robot hanno cambiato il modo in cui il prodotto viene trasportato, sviluppando ulteriormente capacità, precisione e flessibilità. In questo segmento esamineremo l'impatto della meccanica d'avanguardia sull'industria e come la robotizzazione stia rimodellando il destino della produzione*

.Al centro della meccanica d'avanguardia del settore c'è la possibilità dell'automazione, l'utilizzo delle macchine per svolgere compiti con un'intercessione umana non importante. I robot attuali sono macchine progettate per eseguire compiti impegnativi e prolungati con velocità, precisione e coerenza. Dotati di sensori, attuatori e sistemi di controllo all'avanguardia, questi robot possono gestire un vasto assortimento di compiti di raccolta, dalla saldatura e verniciatura all'imballaggio e alla pallettizzazione. Uno dei vantaggi fondamentali dell'innovazione meccanica nel settore è la capacità di assemblare efficacia e produttività diminuendo i costi e la durata del ciclo. Utilizzando attività di routine, i robot possono lavorare continuamente, per l'intera giornata, in modo coerente, senza prerequisiti per pause o tempo individuale, ottenendo risultati più elevati e un'efficienza più evidente. Ciò consente ai creatori di soddisfare requisiti crescenti rimanendo consapevoli dell'aumento dei livelli di valore e coerenza significativi nei loro prodotti. Inoltre, i robot coinvolgono i creatori per raggiungere livelli di esattezza e accuratezza che sono fastidiosi o difficili da raggiungere con il solo lavoro umano. Bracci robotizzati di innegabile livello dotati di sensori di precisione e sistemi di visione possono eseguire complesse attività di affari sociali con precisione submillimetrica, garantendo protezioni strette e limitando le imperfezioni. Ciò è particolarmente importante in organizzazioni come Flight, dove la precisione è essenziale per la prosperità e le prestazioni. Nel processo di riprogettazione dell'efficacia e della qualità, l'innovazione meccanica nel settore offre inoltre vantaggi di flessibilità e adattabilità. A differenza delle circostanze di raccolta consuete, che sono generalmente inflessibili e coraggiose, l'automazione meccanica prevede una rapida riconfigurazione e rivalutazione per consentire cambiamenti nel piano delle cose, nel volume di produzione o nelle entrate del mercato. Questa abilità impegna i produttori a rispondere rapidamente ai cambiamenti dei componenti del settore aziendale e alle tendenze dei clienti, guadagnando una posizione elevata nel mercato. Inoltre, l'innovazione meccanica nel settore ha un impatto fondamentale nel creare ulteriore sicurezza ed ergonomia del clima lavorativo attraverso la meccanizzazione di attività rischiose o impegnative. I robot possono gestire pesi significativi, lavorare a temperature o condizioni eccessive ed eseguire attività che rappresentano una minaccia per i professionisti formati dall'uomo, come la saldatura o la verniciatura. Diminuendo la sensibilità dei lavoratori a condizioni pericolose, i robot aiutano a creare ambienti di lavoro più sicuri e migliori, diminuendo il rischio di disastri e infortuni. Tuttavia, la crescente raccolta di meccanici all'avanguardia nel settore solleva anche problemi e sfide associati al business. , accordi e impatti legati al denaro. Sebbene i robot possano migliorare i professionisti formati dall'uomo e aprire nuove porte per situazioni qualificate nella manutenzione meccanica all'avanguardia, nella programmazione e nel consiglio di amministrazione, possono anche rimuovere determinati tipi di posizioni poco dotate o noiose. I tentativi di affrontare questi problemi attraverso la pianificazione della forza lavoro, iniziative di riqualificazione e metodologie che promuovano la creazione di lavoro e il miglioramento economico sono importanti per garantire che i vantaggi dell'innovazione meccanica siano condivisi equamente all'interno della società. Alla fine, l'innovazione meccanica nel settore tende a avere un impatto significativo sul contesto nel modo in cui viene realizzato lo stock, trasformando gli impianti in sistemi di creazione particolarmente motorizzati, capaci e versatili. Dotando la potenza di meccanismi all'avanguardia per aumentare la produttività, migliorare la qualità e promuovere ulteriormente la prosperità sul posto di lavoro, i creatori possono aprire nuove porte al miglioramento e alla progressione nella comunità imprenditoriale complessiva. Mentre continuiamo a ricercare la capacità di innovazione meccanica nel settore, proviamo a creare un futuro in cui la motorizzazione serva da catalizzatore per il cambiamento positivo, favorendo risultati legati al denaro, ragionevolezza e benessere umano. Inoltre, come Viene creato un campo di innovazione meccanica nel settore, stanno emergendo tendenze e progressi continui che assicurano cicli e limiti di produzione di revisione extra. I simpatici robot, o cobot, sono uno di questi eventi, previsti per lavorare vicino ai lavoratori umani in spazi di lavoro condivisi. Questi robot sono dotati di funzionalità di sicurezza all'avanguardia e luoghi di comunicazione regolari, che consentono loro di collaborare con le persone in attività come eventi sociali, analisi e considerazione di materiale. I cobot offrono ai produttori la flessibilità necessaria per motorizzare compiti complessi rimanendo consapevoli della supervisione e delle capacità umane, provocando sistemi di creazione più vitali e adattabili. Un altro progetto che plasma il possibile destino dell'innovazione meccanica nel settore è l'unione del pensiero artificiale (basato su PC) conoscenza) e calcoli di intelligenza artificiale in strutture computerizzate. I robot alimentati dall'intelligenza artificiale possono scomporre enormi volumi di informazioni, riconoscere esempi e fare continuamente scelte oculate. Ciò consente loro di far avanzare i processi di creazione, anticipare le esigenze di supporto e adattarsi alle mutevoli circostanze con maggiore precisione e produttività. Affrontando la forza dell'intelligenza basata sui computer, i produttori possono aprire nuovi livelli di efficienza, qualità e sviluppo nelle loro operazioni. Oltre ai progressi nelle apparecchiature e nella programmazione della tecnologia meccanica, la ricezione di progressi avanzati come il Web of Things (IoT) e il calcolo distribuito sta guidando un ulteriore sviluppo nell'assemblaggio. Questi progressi consentono ai robot di interfacciarsi e parlare con diverse macchine, sensori e strutture nel clima creativo, rendendo i sistemi biologici interconnessi noti come piante intelligenti. Nelle linee di produzione intelligenti, i robot possono scambiare informazioni in modo impeccabile, coordinare le attività e rispondere alle continue critiche, stimolando processi di assemblaggio più leggeri e reattivi. Inoltre,La tecnologia meccanica nel settore non si limita ai tradizionali settori dell'assemblaggio, ma si sta avventurando in nuove periferie come la fabbricazione di sostanze aggiunte, altrimenti chiamata stampa 3D. I robot di stampa 3D possono eseguire calcoli complessi e parti personalizzate con elevata precisione e produttività, modificando il modo in cui gli articoli vengono pianificati, prototipati e realizzati. Dalle parti aeronautiche agli inserti clinici, i robot di stampa 3D offrono ai produttori un'adattabilità e un'immaginazione non comuni nello sviluppo e nella produzione dei prodotti. Man mano che l'innovazione tecnologica continua a svilupparsi e svilupparsi, i limiti tra l'universo fisico e quello informatico stanno diventando progressivamente oscurati, portando alla ulteriori opportunità di avanzamento e di impegno coordinato. Dai robot indipendenti e versatili per le strategie e lo stoccaggio alle strutture meccaniche per la fabbricazione personalizzata e la creazione su richiesta, il destino finale della meccanica avanzata nel settore racchiude un potenziale illimitato per cambiare il modo in cui configuriamo, realizziamo e trasportiamo i prodotti. la meccanica avanzata nell'industria sta rimodellando la scena dell'assemblaggio e della creazione, consentendo ai produttori di raggiungere nuovi livelli di competenza, adattabilità e sviluppo. Abbracciando i progressi più recenti nell'innovazione della meccanica avanzata e utilizzando la forza della robotizzazione, del ragionamento artificiale e della disponibilità computerizzata, i produttori possono creare strutture di creazione abili e reattive che guidano lo sviluppo finanziario, la sostenibilità e la serietà nel centro commerciale mondiale. Mentre continuiamo a indagare sui potenziali risultati della meccanica avanzata nel settore, rimaniamo concentrati sull'equipaggiamento dell'innovazione per supportare l'umanità, creando un futuro in cui robot e persone cooperino piacevolmente per fabbricare un mondo superiore per tutti. La combinazione della meccanica avanzata nell'industria non sta solo rimodellando i processi produttivi, ma sta anche aprendo nuove porte allo sviluppo e alla serietà monetaria su scala mondiale. Abbracciando l'innovazione meccanica avanzata, i produttori possono semplificare la creazione, ridurre i costi e sviluppare ulteriormente la qualità dei prodotti, consentendo loro di rimanere leggeri e reattivi in un centro commerciale innegabilmente competitivo. Ciò, quindi, può portare a una fetta più ampia della torta, basi di clienti più estese e una maggiore produttività per le organizzazioni che abbracciano l'automazione. Inoltre, i meccanismi avanzati nel settore possono guidare lo sviluppo e le iniziative imprenditoriali riducendo gli ostacoli ai settori e dando potere a piccoli e piccoli imprenditori. imprese di medie dimensioni (PMI) a confrontarsi con partenariati più grandi. Con l'accessibilità di strutture automatizzate ragionevoli e aperte, nuove aziende e pionieri possono promuovere nuovi prodotti, esplorare annunci pubblicitari specializzati e disturbare le attività tradizionali con soluzioni creative. Questa democratizzazione dell'innovazione della meccanica avanzata coltiva una cultura di sviluppo e immaginazione,stimolare lo sviluppo finanziario e la creazione di posti di lavoro in diverse aree dell'economia. Inoltre, i vantaggi della meccanica avanzata nel settore raggiungono le contemplazioni monetarie del passato per abbracciare la manutenibilità ecologica e l'obbligo sociale. Razionalizzando l'uso delle risorse, limitando gli sprechi e diminuendo l'utilizzo dell'energia, i cicli di assemblaggio potenziati dalla tecnologia meccanica possono aggiungere vantaggi economici e innocui al futuro dell'ecosistema. Inoltre, robotizzando attività non sicure o realmente impegnative, i robot contribuiscono a sviluppare ulteriormente la sicurezza dell'ambiente di lavoro e a ridurre le ferite e i disturbi legati alle parole, migliorando la prosperità e la soddisfazione personale dei lavoratori. il cambiamento e il cambiamento è illimitato. Dall'accelerazione del progresso meccanico all'apertura di nuove porte alla svolta monetaria degli eventi e al progresso sociale, la tecnologia meccanica può plasmare il mondo in modi significativi e significativi. Abbracciando i progressi più recenti nell'innovazione della meccanica avanzata e coltivando sforzi coordinati tra industria, comunità accademica e governo, possiamo sfruttare al massimo la capacità della tecnologia meccanica per creare un futuro superiore, più prospero e pratico per tutti. , la tecnologia meccanica nell'industria sfrutta un potere straordinario che sta riformando il modo in cui i prodotti vengono fabbricati, diffusi e consumati. Sottomettendo la forza dell'informatizzazione, del ragionamento creato dall'uomo e delle reti avanzate, i produttori possono creare strutture di creazione coordinate, efficaci e reattive che guidano lo sviluppo monetario, lo sviluppo e la sostenibilità. Mentre continuiamo a indagare sui potenziali risultati della tecnologia meccanica nel settore, rimaniamo concentrati sull'affrontare l'innovazione per aiutare l'umanità, creando un futuro in cui robot e persone collaborino amichevolmente per costruire un mondo superiore per molto tempo.Abbracciando i progressi più recenti nell'innovazione della meccanica avanzata e coltivando sforzi coordinati tra industria, comunità accademica e governo, possiamo sfruttare al massimo la capacità della tecnologia meccanica per creare un futuro superiore, più prospero e pratico per tutti. , la tecnologia meccanica nell'industria sfrutta un potere straordinario che sta riformando il modo in cui i prodotti vengono fabbricati, diffusi e consumati. Sottomettendo la forza dell'informatizzazione, del ragionamento creato dall'uomo e delle reti avanzate, i produttori possono creare strutture di creazione coordinate, efficaci e reattive che guidano lo sviluppo monetario, lo sviluppo e la sostenibilità. Mentre continuiamo a indagare sui potenziali risultati della tecnologia meccanica nel settore, rimaniamo concentrati sull'affrontare l'innovazione per aiutare l'umanità, creando un futuro in cui robot e persone collaborino amichevolmente per costruire un mondo superiore per molto tempo.Abbracciando i progressi più recenti nell'innovazione della meccanica avanzata e coltivando sforzi coordinati tra industria, comunità accademica e governo, possiamo sfruttare al massimo la capacità della tecnologia meccanica per creare un futuro superiore, più prospero e pratico per tutti. , la tecnologia meccanica nell'industria sfrutta un potere straordinario che sta riformando il modo in cui i prodotti vengono fabbricati, diffusi e consumati. Sottomettendo la forza dell'informatizzazione, del ragionamento creato dall'uomo e delle reti avanzate, i produttori possono creare strutture di creazione coordinate, efficaci e reattive che guidano lo sviluppo monetario, lo sviluppo e la sostenibilità. Mentre continuiamo a indagare sui potenziali risultati della tecnologia meccanica nel settore, rimaniamo concentrati sull'affrontare l'innovazione per aiutare l'umanità, creando un futuro in cui robot e persone collaborino amichevolmente per costruire un mondo superiore per molto tempo.

## Dai sistemi di costruzione sequenziali alle linee di produzione accorte

Strutture di progresso moderato: Tratti critici dei tempi passati Strutture di miglioramento moderato adattate nel corso del XX secolo. La presentazione di Henry Part della straordinaria struttura di miglioramento per realizzare veicoli in modo efficiente a un livello sorprendentemente chiave ha influenzato la capacità e la sensibilità ai costi. Limitando gli sforzi complessi a progressi più autentici e noiosi, la struttura di miglioramento in continua evoluzione del componente ha pensato a una creazione più rapida e al piano di gioco del modello di veicolo sensato. Progressi nell'informatizzazione degli incontri. Robotizzazione (dal 1800 alla metà del 1900): macchine di base come pulegge e interruttori hanno robotizzato un lavoro intrigante.

La struttura di miglioramento della formazione affidabile è diventata un indicatore di questa fase, attirando un enorme sviluppo dell'assemblaggio e una riduzione dei costi. Livelli di progresso della robotizzazione (anni '70): i controller di ragionamento programmabili (PLC) e le macchine a controllo numerico PC (CNC) hanno apportato precisione e flessibilità. I produttori potrebbero robotizzare processi più complessi. Incredibile incontro (cosa più recente): piante capaci coordinano i livelli di impostazione del modello di progresso come la meccanica di livello enorme, il pensiero creato dall'uomo (pensiero modernizzato) e la cattura delle cose (IoT). Questi piani interconnessi diffondono condizioni di creazione autonoma. L'assemblaggio accurato aggiorna intere catene di magazzino, da cosa cattiva a mossa, utilizzando la valutazione dei dati e prendendo appunti incessantemente. Vantaggi dell'informatizzazione nel partito. Capacità ampliata: la robotizzazione accelera la creazione, diminuendo la porta da incorporare per lo stock. Riduzione dei costi: limitare il lavoro fastidioso e gli errori riduce i costi. Qualità regolamentata: la robotizzazione garantisce una qualità solida diminuendo l'instabilità. Sicurezza riprogettata: meno sforzi manuali significano meno rischi. Meravigliosi impianti di regolazione rispetto ai

sistemi di creazione meccanica standard
Ambienti di lavoro attuali: Utilizzare piani e materiale interconnessi per trasmettere i dati di guida. Collegare la creazione di scelte migliori per i capi, i controllori hanno mostrato esperti e pionieri preparati. Coordinare la meccanica di livello indiscutibile di livello ovvio, i dati creati dall'uomo e l'IoT. Basato sull'interconnettività della struttura e sulla condivisione dei dati. Necessità di ridurre gli scarti, tagliare i costi e limitare ulteriormente l'assistenza. Strutture di creazione meccanica standard: integra cicli diretti in cui ogni esperto esegue compiti inequivocabili. Ciò può provocare colli di bottiglia e differimenti. Vieni a corto di flessibilità e versatilità di meravigliose linee di creazione. Gli stabilimenti di supervisione di End Sharp affrontano il culmine della svolta degli eventi, utilizzando lo sviluppo per rilanciare la produzione e le catene di approvvigionamento. Mentre andiamo avanti, il coordinamento affidabile degli universi fisici e di determinati livelli continuerà a modellare il possibile destino delle riunioni.

## Capitolo 4: Robot nell'assistenza medica: cambiamento dei farmaci e dei pazienti

Negli ultimi tempi, la tecnologia meccanica si è affermata come una grande potenza nel campo dell'assistenza medica, riformando il modo in cui vengono eseguite le operazioni e il modo in cui viene trasmessa la considerazione del paziente. Dai robot attenti che aiutano gli specialisti con precisione e agilità alle strutture meccaniche che forniscono aiuto e supporto ai pazienti, la combinazione della tecnologia meccanica nei servizi medici ha portato a progressi critici nei risultati della terapia, nel benessere dei pazienti e, in generale, nella natura delle cure. In questa sezione esamineremo l'effetto dei robot nell'assistenza medica e il lavoro straordinario che svolgono nel plasmare il destino finale della medicina. In prima linea nella tecnologia meccanica nell'assistenza medica ci sono robot attenti, che hanno cambiato l'attività del medico. procedura offrendo livelli eccezionali di accuratezza, controllo e percezione. Queste strutture meccaniche sono dotate di innovazioni di imaging all'avanguardia, ad esempio fotocamere di alta qualità e imaging 3D, che forniscono agli specialisti una migliore permeabilità e comprensione della profondità dei sistemi.

Inoltre, i bracci automatizzati con diversi livelli di opportunità e attitudine consentono agli specialisti di eseguire movimenti complessi con maggiore precisione e adattabilità rispetto alle consuete tecniche di attenzione. Uno degli esempi più notevoli di meccanica attentamente avanzata è il Da Vinci Careful Framework, che è stato ampiamente adottato su sistemi trascurabilmente invadenti in pretese di fama come l'urologia, la ginecologia e una procedura medica generale. Il sistema da Vinci è costituito da bracci meccanici vincolati da una console specializzata, che tiene conto dei movimenti esatti e del controllo dei tessuti sensibili con punti di ingresso insignificanti. Limitando il danno ai tessuti e agli organi circostanti, la meccanica ha aiutato una procedura medica a offrire ai pazienti tempi di recupero più rapidi, dolore ridotto e risultati correttivi più avanzati rispetto alla tradizionale chirurgia a cielo aperto. aiuto clinico e restauro. Ad esempio, gli esoscheletri meccanici vengono utilizzati per aiutare i pazienti con impedenze muscolari, come ferite alla colonna vertebrale o ictus, offrendo un aiuto potenziato alle loro appendici inferiori. Questi esoscheletri consentono ai pazienti di stare in piedi, camminare ed eseguire esercizi della vita quotidiana con maggiore libertà e sicurezza, favorendo miglioramenti nelle capacità reali e nella natura della vita. Inoltre, i robot vengono utilizzati nelle applicazioni di telemedicina per dare risultati a distanza. consulenza e osservazione ai pazienti in regioni svantaggiate o lontane. I robot di telepresenza dotati di telecamere e schermi consentono ai fornitori di assistenza medica di connettersi con i pazienti e condurre valutazioni continue, superando gli ostacoli geologici e aumentando l'accesso alle amministrazioni sanitarie. Ciò è particolarmente importante nelle reti rustiche o durante le crisi quando l'ammissione all'esame clinico può essere limitata. Inoltre, i robot vengono utilizzati in una serie di altri contesti sanitari, tra cui farmacie, centri di ricerca e centri di riabilitazione, per meccanizzare le attività di routine e sviluppare ulteriormente la produttività. I sistemi di somministrazione dei farmaci robotizzati garantiscono un dosaggio preciso e riducono il rischio di errori di prescrizione, mentre i dispositivi di prelievo automatizzato semplificano i sistemi di raccolta del sangue e limitano i disagi per i pazienti. Inoltre, i robot vengono utilizzati nel trattamento e nel recupero non invasivo per fornire attività personalizzate e incontri terapeutici su misura per le esigenze del singolo paziente. Tuttavia, poiché l'innovazione della meccanica avanzata continua a svilupparsi, solleva anche ramificazioni morali, amministrative e culturali che dovrebbero essere curato. Le preoccupazioni sulla comprensione del benessere, della sicurezza e del rischio richiedono una riflessione cauta e una supervisione per garantire che i robot siano trasportati in modo competente e morale. Inoltre,gli sforzi per affrontare le variazioni nell'ammissione all'innovazione automatizzata e la gestione dei servizi medici sono fondamentali per garantire che tutti i pazienti traggano beneficio dalla capacità della meccanica avanzata di lavorare sui risultati clinici e sulla natura della vita. Alla fine, i robot stanno cambiando la scena dei servizi medici , offrendo nuove porte aperte per lavorare sugli interventi, sulla considerazione del paziente e, in generale, sui risultati di benessere. Dai robot attenti che potenziano strategie poco invasive agli esoscheletri automatizzati che aiutano con versatilità e ripristino, il mix di tecnologia meccanica nei servizi medici sta aprendo nuove terre selvagge per il progresso e la rivelazione.

Mentre continuiamo a studiare le potenzialità dei robot nell'assistenza medica, manteniamoci guidati dal nostro obbligo di promuovere la prosperità umana e creare un futuro in cui l'innovazione soddisfi le esigenze dei pazienti e dei fornitori di servizi medici. Inoltre, poiché il campo della tecnologia meccanica in i servizi medici continuano a svilupparsi, stanno emergendo nuovi sviluppi e applicazioni che garantiscono un ulteriore cambiamento nell'atto del trattamento e nella considerazione del paziente. Una di queste aree di progresso è l'utilizzo del ragionamento computerizzato (intelligenza artificiale) e dei calcoli dell'intelligenza artificiale per migliorare le capacità dei sistemi automatizzati. Con la stragrande maggioranza delle informazioni cliniche, i robot controllati dall'intelligenza artificiale possono aiutare i medici a diagnosticare malattie, organizzare sistemi terapeutici e anticipare i risultati dei pazienti con maggiore precisione ed efficienza. Inoltre, gli avanzamenti nei progressi dei sensori e dei gadget indossabili stanno consentendo il miglioramento di farmaci personalizzati e a distanza. modalità di osservazione del paziente. Ad esempio, i robot dotati di biosensori e dispositivi di controllo fisiologico possono seguire segnali importanti, identificare segnali di allarme tempestivi di disturbi e fornire farmaci o allarmi opportuni a pazienti e fornitori di cure mediche. Questo controllo e input continui potenziano la gestione proattiva delle infezioni persistenti e riducono la necessità di visite regolari in clinica di emergenza, stimolando il lavoro su risultati tolleranti e fondi di riserva sui costi per i sistemi di assistenza medica. Inoltre, la meccanica avanzata sta sconvolgendo il campo dell'imaging clinico e della diagnostica, considerando riconoscimento più esatto e produttivo delle malattie e delle irregolarità. I sistemi di imaging automatizzati, ad esempio, i robot guidati dai raggi X e gli scanner meccanici a ultrasuoni, consentono l'attenzione e la percezione precise dei progetti fisici, migliorando la precisione analitica e diminuendo la necessità di metodi intrusivi. Inoltre, i dispositivi per biopsia meccanica consentono ai medici di eseguire test sui tessuti con maggiore precisione e con un rischio minimo per i pazienti, consentendo determinazioni e pianificazione del trattamento più precise. Inoltre, la tecnologia meccanica sta assumendo un ruolo fondamentale nel trattamento dei problemi sanitari di base, come la pandemia di Coronavirus. ,consentendo una rapida svolta degli eventi e l'organizzazione di test dimostrativi, terapie e vaccinazioni. I robot vengono utilizzati nei laboratori per meccanizzare i processi di test ad alto rendimento, accelerando la scoperta di malattie virali e lavorando con i contatti che seguono gli sforzi. Inoltre, i robot vengono trasportati nelle cliniche per disinfettare le superfici, trasportare farmaci e assistere i pazienti, riducendo il rischio di trasmissione e alleggerendo il peso degli operatori sanitari. Tuttavia, poiché i robot diventano progressivamente coordinati negli ambienti sanitari, è fondamentale affrontare le preoccupazioni legate alla protezione dei pazienti, alla sicurezza delle informazioni e alle considerazioni morali. Dovrebbero essere istituiti scudi per garantire che i dati dei pazienti siano salvaguardati e che i robot siano utilizzati in modo consapevole e morale secondo le regole e le linee guida cliniche stabilite. Inoltre, sono urgenti sforzi per affrontare le aberrazioni nell'accesso all'innovazione meccanica e alle amministrazioni sanitarie per garantire un'equa erogazione dei servizi medici e sviluppare ulteriormente risultati di benessere per tutti i pazienti. Alla fine, la tecnologia meccanica è pronta a cambiare l'atto del trattamento e del paziente considerazione in modo significativo ed efficace. Dai robot attenti che potenziano metodi poco invadenti ai sistemi sintomatici controllati dall'intelligenza computerizzata e ai sistemi di controllo di scarsa comprensione, l'unione della tecnologia meccanica ai servizi medici comporta un impegno enorme per lavorare sui risultati clinici, ridurre i costi dei servizi medici e migliorare la qualità dei servizi medici. soddisfazione personale dei pazienti. Mentre continuiamo a studiare le capacità dei robot nell'assistenza medica, rimaniamo concentrati sull'affrontare l'innovazione per aiutare l'umanità, creando un futuro in cui tutti si rivolgano ad amministrazioni di servizi medici di alto livello, misericordiosi e personalizzati. Inoltre, man mano che i robot vengono integrati in modo affidabile in strutture di vantaggi clinici, è fondamentale concentrarsi sullo sforzo congiunto interdisciplinare e sull'impegno decorativo per garantire che le unità elettroniche rispondano ai problemi e alle idee dei pazienti, dei fornitori di pensiero clinico e di altri partner. Creando una relazione tra ingegneri, medici, professionisti qualificati, politici e pazienti, possiamo co-creare accordi fantasiosi che affrontino le sconcertanti difficoltà e gli ingressi nel trasporto dei vantaggi clinici. Allo stesso modo, gli sforzi per promuovere la preparazione e l'organizzazione del nuovo sviluppo meccanico e del pensiero clinico sono fondamentali per avviare la nuova straordinaria stagione del pensiero clinico che ha organizzato specialisti e tecnologi per raggiungere i massimi livelli di progresso automatizzato. Fornendo le porte per un'esperienza dinamica, uno sforzo congiunto interdisciplinare e un apprendimento affidabile, possiamo fornire agli esperti di vantaggi clinici le informazioni e gli endpoint di cui hanno bisogno per organizzare il movimento meccanico nella loro pratica clinica e aiutare ulteriormente i risultati delle idee dei pazienti. Inoltre, come pianifichiamo,è fondamentale procedere a investire risorse in sforzi creativi per muovere i migliori della classe nel movimento meccanico e nelle idee cliniche. Sostenendo progetti di valutazione interdisciplinare, iniziative di sviluppo e affiliazioni pubblico-privato, possiamo accelerare la velocità del progresso e portare spinte incredibilmente elettroniche dal laboratorio al posto di lavoro. Ciò unisce nuove fasi motorizzate, valutazioni e sensori che rispondono alle necessità cliniche acquisite e potenziano le cure rinnovate e incentrate sul paziente. Finalmente, lo sviluppo meccanico è pronto a cambiare la presentazione dei farmaci e le riflessioni dei pazienti, offrendo nuovi percorsi per indirizzare i risultati clinici, ridisegnando gli incontri con i pazienti e diminuendo i costi dei vantaggi clinici. Abbracciando i limiti del miglioramento meccanico nel pensiero clinico e lavorando in modo coerente attraverso discipline e regioni, possiamo creare un futuro in cui tutti si avvicinano ad affiliazioni con vantaggi clinici di grado innegabile, intelligenti e modificati. Mentre continuiamo a guardare gli effetti generali dei robot nel pensiero clinico, restiamo guidati dal nostro impegno di spingere le persone ad avere successo e creare un futuro in cui lo sviluppo soddisfi allo stesso modo le esigenze dei pazienti e i fornitori di vantaggi clinici.

## Progressi nella tecnologia meccanica attenta e nell'aiuto clinico

*Procedure mediche assistite da robot: le procedure mediche assistite da robot sono progredite da quando hanno avuto origine nell'ultima parte degli anni '60. Gli odierni sistemi automatizzati e attenti sono dotati di braccia profondamente abili e strumenti ridotti. Questi sistemi riducono i terremoti, potenziano i movimenti fragili e migliorano l'accuratezza attenta. La combinazione di immagini e rappresentazioni sviluppa ulteriormente la precisione. Quadro di critica tattile: i robot attenti attualmente integrano un quadro di input tattile.*

➤ Ciò consente agli specialisti di monitorare la consistenza dei tessuti durante le strategie senza contatto effettivo, prevenendo ferite dovute a un'irragionevole applicazione di energia. Teleoperazione: gli specialisti possono superare i limiti topografici utilizzando la teleoperazione. Questa innovazione consente il trasporto di particolari cure mediche a distanza. Ragionamento computerizzato (computer-based intelligence) e AI (ML): l'intelligenza computerizzata e il ML assumono un ruolo fondamentale in un'attenta direzione. Migliorano il riconoscimento di progetti fisici complessi, portando a risultati migliori per i pazienti. Recupero più rapido e meno confusioni: questa moltitudine di progressi si aggiunge a un recupero persistente più rapido e a meno complessità post-cura. Tuttavia, ci sono difficoltà a sopravvivere: Costo: le strutture meccaniche sono costose da proteggere e mantenere.

> Dimensioni: le dimensioni delle strutture meccaniche possono ostacolare determinate impostazioni. Preparazione specialistica: una preparazione legittima è fondamentale per l'utilizzo efficace di robot attenti. Nonostante queste difficoltà, il destino delle procedure mediche meccaniche appare incoraggiante. I progressi come la

meccanizzazione artificiale guidata dall'intelligenza, i nanorobot, le procedure mediche minuscole, i sistemi telerobotici semi-robotizzati e l'effetto della rete 5G sulle procedure mediche lontane continuano a guidare il progresso nei servizi medici. Organizzazioni come Natural Careful, Johnson and Johnson, Medtronic e Olympus sono pionieri in questo campo.

## Capitolo 5: Il lavoro dei robot nelle indagini: divulgazione spaziale e marittima

I robot hanno da tempo percepito un ruolo fondamentale nel discernimento, potremmo sciogliere l'universo e svelare i segreti di luoghi noiosi, entrambi sul pianeta senza alcuna indagine. Dai drifter elettronici che attraversano la superficie marziana ai veicoli demoliti liberi che pianificano le profondità del mare, l'esame meccanico sta aumentando le esigenze di informazione umana e rimodellando il nostro punto di vista sull'universo.

In questa parte, esamineremo il mutato controllo dei robot nella valutazione e le aperture cruciali a cui partecipano nello spazio e negli oceani. All'estrema prima linea della valutazione meccanica c'è il campo dello sviluppo meccanico spaziale, che racchiude infinite missioni motorizzate e progressi. che dovrebbero esaminare i corpi divini e controllare l'universo. I vagabondi computerizzati, come Soul, Opportunity e Premium, i vagabondi su Marte della NASA, hanno cambiato il modo in cui potremmo svelare il Pianeta Rosso esaminandone la superficie, formulando valutazioni ragionevoli e combinando modelli geografici. Questi vagabondi sono dotati di una serie di strumenti, tra cui telecamere, spettrometri e trapani, che li invitano a osservare la scena marziana e ad esplorare la ricerca di indizi di vita passata o presente. Inoltre, razzi meccanici, come l'Explorer della NASA test e i randagi di Marte, hanno vagato oltre il nostro incontro planetario, portando importanti informazioni e dati ai livelli esterni dell'universo.

Questi eventi sociali spaziali sono dotati di sensori e strumenti che consentono loro di concentrarsi su pianeti lontani, lune e magnifici aspetti non convenzionali, rivelando una comprensione del profilo e dello sviluppo del nostro gruppo planetario e dell'universo più fondamentale. Inoltre, i telescopi meccanici e gli osservatori, come il telescopio spaziale Hubble e il telescopio spaziale James Webb, continuano a cambiare le nostre conoscenze e possiamo svelare l'universo trovando immagini sciocanti e raccogliendo informazioni da strutture lontane e fenomeni importanti. alla valutazione dello spazio, i robot si aspettano quindi un ruolo significativo nella valutazione dell'oceano, collegandosi con esperti per studiare e guidare le colossali e perdonate profondità del mare, di solito, base. Veicoli tagliati liberi (AUV) e veicoli telecomandati (ROV) dotati di telecamere, sonar e altri sensori sono pronti a scendere a profondità di migliaia di metri, raccogliendo informazioni standard fondamentali e simbolismo di scene tagliate e piani ordinari. Questi robot coinvolgono esperti per concentrarsi sulle lontane sorgenti oceaniche, sulle barriere coralline e sulla vita marina, fornendo dati chiave sull'interconnessione dei mari della Terra e sull'effetto delle attività umane sugli ecosistemi marini. Inoltre, i robot vengono inviati in condizioni assurde, ad esempio, la regione polare e i canali oceanici lontani lavorano con una valutazione sensata e selezionano i cambiamenti tipici. I robot che entrano nel ghiaccio, come l'Icebreaker della NASA, vengono utilizzati per individuare i frammenti delle calotte polari e monitorare i cambiamenti nel livello dell'oceano e nell'ambiente. Inoltre, i ROV oceanici lontani dotati di bracci di controllo e strumenti di visualizzazione attirano esperti per raccogliere informazioni essenziali sulla navigazione, sulle rocce e sulla vita marina dalle profondità del mare, contribuendo così a svelare la storia spaziale e la biodiversità della Terra. Inoltre, alcuni meccanismi di livello lo sviluppo sta portando al miglioramento delle reazioni creative per indagare e colonizzare altri corpi straordinari, come la Luna e Marte. Lander e condizioni automatizzate dotate di una presenza di affiliazioni molto importanti e spinte all'uso delle risorse vengono realizzate per supportare le missioni di ricerca umana in questi universi lontani. Inoltre, si sta prendendo in considerazione l'uso di robot liberi e vagabondi per lo sviluppo delle tipiche parti lunari e marziane, nonché per la prospezione e l'estrazione di beni essenziali come acqua e minerali. Tuttavia, man mano che esperiamo ulteriormente nello spazio e indaghiamo le profondità del mare, è fondamentale pensare alle conseguenze morali, normali e legittime della valutazione robotizzata. I tentativi di salvare e osservare i piani consueti di corpi strabilianti e vita oceanica contro la degradazione e la stupefazione richiedono un processo cauto e un coordinamento tra i rapporti in generale. Inoltre,le preoccupazioni per lo spreco spaziale e l'inquinamento dovrebbero essere affrontate per garantire la realtà degli esercizi di esplorazione spaziale e tagliare la possibilità di contatto con razzi e satelliti compiacenti. Nella certificazione, i robot stanno anticipando una parte essenziale della visione di guida in modo da poter tradurre l'universo e promuovere i boschi della valutazione umana. Dall'analisi di pianeti lontani e corpi di dinamite all'organizzazione delle profondità del mare, l'esame meccanico è legato alle aperture fondamentali e al rimodellamento del modo in cui possiamo tradurre l'universo. Mentre continuiamo ad aumentare i limiti dell'esame meccanico, continuiamo a lavorare con il nostro ritmo più memorabile, la corteccia frontale immaginativa e l'obbligo di ricercare le informazioni deboli e vagamente trattenute dell'universo. Inoltre, poiché il progresso continua ad avere un impatto, gli imperativi dei viaggiatori robotizzati dovrebbero rivelarsi più avanzati, sorprendenti in termini di forza extra e divulgazione nella valutazione sia dello spazio che dell'oceano. Ad esempio, le future missioni spaziali potrebbero integrare la disposizione di enormi dimensioni di robot con ambito limitato per valutare le superfici planetarie in modo sorprendentemente più rapido, accumulare test e effettuare valutazioni dirette in modo semplice. Questi robot possono condividere gentilmente, passare e capire le loro attività per raggiungere obiettivi esigenti con più capacità rispetto alle singole missioni. Allo stesso modo, nella valutazione degli oceani, i progressi nella meccanica di alto livello stanno aprendo ulteriori passaggi per concentrarsi su ottime condizioni, per esempio, sorgenti d'acqua, canali oceanici lontani e mari coperti di ghiaccio. Gli AUV ridotti dotati di sensori all'avanguardia e dispositivi di smantellamento potrebbero essere forniti in grandi quantità per pianificare e analizzare questi fenomeni remoti e testare per presentarsi nelle aree, rivelando informazioni sulla biodiversità, sulla geografia e sugli stati standard dell'immenso oceano. , alcuni meccanici di livello stanno lavorando con assistenza generale e partecipazione ai tentativi di valutazione, con affiliazioni spaziali, istituti di ricerca e affiliazioni restrittive che consolidano i tentativi di mettere in comune risorse e forza d'animo per supervisionare complessi e solidi inconvenienti. Ad esempio, la Stazione Spaziale Generale (ISS) finisce come un palcoscenico per organizzare i preparativi e testare le revisioni in un clima di microgravità, con esploratori spaziali e progetti meccanici che partecipano per incoraggiare come potremmo tradurre la prosperità umana, la scienza dei materiali e le tecnologie di valutazione dello spazio. Allo stesso modo, iniziative coerenti, ad esempio, il programma di valutazione Nautilus del Sea Assessment Trust uniscono specialisti, stilisti e insegnanti organizzati da tutto il mondo per ricercare e rimanere molto presto noiosi nelle profondità del mare. Utilizzando la tecnologia robotizzata, ad esempio ROV e AUV, questi sforzi stanno scoprendo nuove specie, tecniche terrestri e strutture tipiche, aggiornando il modo in cui potremmo allentare il clima marino e il suo significato per la vita sulla Terra. Inoltre,Man mano che i limiti di analisi meccanica continuano a migliorare, sta diventando redditizio utilizzare i robot per cercare segni di vita extraterrestre e condizioni sostenibili su altri pianeti e lune. Le missioni sulle lune fredde, come Europa ed Encelado, che potrebbero dare un senso ai mari sotterranei sotto le loro superfici ghiacciate, potrebbero rafforzare l'invio di test meccanici per analizzare questi universi lontani e viaggi per verificare la vita microbica o le condizioni affidabili per la vita come noi. saperlo. Tuttavia, mentre lasciamo le aree di forza per queste missioni, è fondamentale affrontare le ricadute morali, garantite e sociali della valutazione meccanizzata. Le richieste relative alla sicurezza planetaria, all'impatto ambientale e alla ragionevole dispersione delle risorse dovrebbero essere attentamente considerate per garantire che le prove di valutazione siano effettuate continuamente e secondo le procedure e i quadri generali. Inoltre, gli sforzi per coinvolgere tutte le persone e stimolare la discussione sui vantaggi e sui pericoli della valutazione meccanica sono fondamentali per creare sponsorizzazione e comprensione per i futuri sforzi di valutazione. In questa decisione, i robot stanno svolgendo un ruolo insolito nell'attuazione di cure che potremmo svelare l'universo e far crescere le aree stimolate dell'esame umano. Dall'esplorazione di pianeti lontani e corpi eccezionali alla sistemazione delle profondità del mare, i pellegrini meccanici stanno aprendo nuove aperture e rimodellando il modo in cui possiamo svelare l'universo. Mentre continuiamo ad estendere i limiti della valutazione robotizzata, manteniamoci modellati dalla nostra mente creativa a cinque stelle e dall'obbligo di esplorare le noiose e spronare le persone in futuro a tentare l'insondabile.Dall'esplorazione di pianeti lontani e corpi eccezionali alla sistemazione delle profondità del mare, i pellegrini meccanici stanno aprendo nuove aperture e rimodellando il modo in cui possiamo svelare l'universo. Mentre continuiamo ad estendere i limiti della valutazione robotizzata, manteniamoci modellati dalla nostra mente creativa a cinque stelle e dall'obbligo di esplorare le noiose e spronare le persone in futuro a tentare l'insondabile.Dall'esplorazione di pianeti lontani e corpi eccezionali alla sistemazione delle profondità del mare, i pellegrini meccanici stanno aprendo nuove aperture e rimodellando il modo in cui possiamo svelare l'universo. Mentre continuiamo ad estendere i limiti della valutazione robotizzata, manteniamoci modellati dalla nostra mente creativa a cinque stelle e dall'obbligo di esplorare le noiose e spronare le persone in futuro a tentare l'insondabile.

## Dai vagabondi su Marte ai remoti viaggiatori oceanici

Proprio quando sentiamo "randagio", la nostra mente salta continuamente alle immagini della valutazione di Marte, dove vagabondi meccanici come Steady Quality e Premium esplorano la superficie del Pianeta Rosso, smantellando la sua geologia alla ricerca di segni di ragionevolezza passata. Nonostante ciò, la Terra mostra anche i suoi randagi, e cercano un sostituto selvaggio: l'immenso oceano. Uno di questi vagabondi memorabili è il Benthic Wanderer II, realizzato dagli esperti del Monterey Delta Aquarium Assessment Connection (MBARI). A differenza dei suoi partner marziani, Benthic Vagabond II lavora a 4.000 metri sotto la superficie dell'oceano, su una nuova pianura critica, battendo l'incredibile massa di 6.000 libbre per ogni pollice quadrato di pressione. Dovremmo entrare nell'incantevole universo della ricerca sui mari lontani e studiare questo confuso randagio. Benthic Drifter II: ricerca sulla valutazione critica del ciclo del carbonio della base marina: la missione principale di Benthic Stray II è accumulare dati relativi al ciclo del carbonio. Cerca risposte a domande come: Quali fonti di carbonio si trovano nelle profondità marine lontane? Quel carbonio ritorna nell'ambiente sotto forma di anidride carbonica (aggiungendosi potenzialmente a un cambiamento di temperatura generale) o rimane sequestrato in modo sicuro nel miglioramento dell'oceano? Studiando l'uso dell'ossigeno da parte degli animali e dei microrganismi della base dopo un po' di tempo, il vagabondo aiuta gli scienziati a comprendere come il carbonio si sposta dalla superficie alla base del mare. Ambiente di test: il lontano ambiente marino in cui lavora Benthic Wanderer II è ormai sciocco: Pianura critica: una base marina tumultuosa e ignorata con un'importanza di 4.000 metri. Temperature fredde e stress elevato: il vagabondo avanza attraverso condizioni di gelo e pressione enorme.

> Oscurità: la luce solare non penetra in queste profondità, quindi il vagabondo si affida a un'illuminazione contraffatta. Valutazione gratuita: Benthic Vagabond II lavora senza inibizioni, investigando la base marina, ottenendo fotografie e assemblando dati. La sua fotocamera riprende incontri da brivido con enormi pesci, ad esempio, guardando attraverso i

rattail (Coryphaenoides sp.). Contemplazioni per il cambiamento ecologico: comprendere il ciclo del carbonio in mari lontani ha ripercussioni più significative sul cambiamento ordinario. Aspettarsi che l'anidride carbonica venga liberata dalla base marina potrebbe aumentare il riscaldamento generale. D'altra parte, il sequestro del carbonio nello sviluppo degli oceani mitiga gli impatti ordinari. Oneri organizzativi: fare un randagio per il mare lontano incorpora sorprendenti ostacoli orchestrali: Materiali liberali: il vagabondo dovrebbe andare oltre la pressione folle e l'acqua salata straziante. Percorso chiaro: il percorso relativo alla scena, simile a quello che ha funzionato con il randagio di Marte, aiuta Benthic Wanderer II nell'esame accurato. In sintesi, mentre i drifter di Marte distruggono pianeti lontani, Benthic Wanderer II si tuffa nei misteri dei nostri colossali oceani. I suoi dati contribuiscono a capire come possiamo smaltire le parti in carbonio e illuminano il nostro metodo per gestire e amministrare la normale gestione.

## Capitolo 6: Meccanica avanzata e istruzione: formare il destino dell'apprendimento

*Negli ultimi tempi, l'innovazione meccanica è emersa come una risorsa necessaria per l'evoluzione e la preparazione, offrendo agli studenti di tutte le età l'opportunità di partecipare a elaborate esperienze di apprendimento che supportano menti creative, pensiero conclusivo e capacità di ragionamento decisivo. Dalle scuole elementari alle università, i programmi di meccanica di alto livello stimolano gli studenti a esplorare le discipline scientifiche, di sviluppo, di pianificazione e di matematica (STEM) in modi fantasiosi e associativi.*

In questa parte, esploreremo l'occupazione dell'innovazione meccanica nella preparazione e il suo impatto sulla definizione del destino dell'apprendimento. Al centro dell'innovazione meccanica, il tutoraggio è la prospettiva del progresso facendo, in cui gli studenti prendono parte con successo all'organizzazione, costruzione, e programmare robot per gestire difficoltà autentiche. Lavorando in modo utile nelle riunioni, gli studenti acquisiscono enormi capacità come la corrispondenza, lo sforzo congiunto e le commissioni, che sono risultati importanti nella forza lavoro del 21° secolo. Inoltre, i progetti di innovazione meccanica supportano l'inventiva e il miglioramento, poiché gli studenti sono incoraggiati a indagare varie strade riguardanti diversi piani e accordi per raggiungere i loro obiettivi. Una delle fasi più importanti per la preparazione all'innovazione meccanica è LEGO Mindstorms, che fornisce agli studenti un approccio adattabile e diretto. palcoscenico per costruire e programmare robot utilizzando blocchi e sensori LEGO. I pacchetti LEGO Mindstorms consolidano blocchi programmabili, motori, sensori e gadget di programmazione che coinvolgono gli studenti nella pianificazione e nella creazione di robot in grado di svolgere un numero enorme di attività, dall'investigazione di percorsi di ostruzione all'orchestrazione di cose o al gioco. Queste unità vengono utilizzate nelle aule di tutto il pianeta per mostrare agli studenti i fondamenti dell'innovazione meccanica e della programmazione in modo stupido e astuto. Inoltre, progetti di innovazione meccanica come FIRST Mechanical Innovation e VEX Progressed Mechanics offrono agli studenti la possibile opportunità di applicare le proprie capacità e dati in un ambiente implacabile, dove progettano, sviluppano e programmano robot per combattere in un movimento di sfide. Queste sfide forniscono agli studenti una comprensione coinvolta e sviluppano la collaborazione, la sportività e una sensazione di miglioramento mentre le riunioni si uniscono per affrontare problemi incredibili e raggiungere obiettivi condivisi. Inoltre, i progetti di innovazione meccanica offrono agli studenti la disponibilità verso pratiche di pianificazione autentiche e mentori del settore, offrendo incontri significativi in potenziali percorsi di business nei campi STEM. Inoltre, la preparazione all'innovazione meccanica non è limitata alle consuete impostazioni dei corridoi di revisione, ma viene comunque facilitata in un apprendimento rilassato. condizioni ambientali, ad esempio programmi doposcuola, campi giornalieri e spazi per maker. Questi ingressi aperti per l'apprendimento rilassato consentono agli studenti di studiare la meccanica avanzata al loro ritmo e di ricercare le loro tendenze nelle materie STEM oltre la classe. Inoltre, i club e le affiliazioni di meccanici di alto livello danno agli studenti la sensazione di avere un posto nella comunità, dove possono collaborare con colleghi che condividono interessi e passioni simili. Inoltre, i meccanici di alto livello si aspettano un ruolo fondamentale nella promozione della varietà e del pensiero in ambito STEM. preparazione dando accesso a gruppi sottorappresentati, comprese donne e minoranze,perseguire la partecipazione a porte aperte dinamiche per lo sviluppo e la ricerca chiamando percorsi di sviluppo e pianificazione. Spinge, ad esempio, le giovani donne che programmano e le minoranze etniche CODE stanno cercando di connettersi con giovani donne e giovani donne per ricercare chiamate nei campi STEM attraverso meccanismi all'avanguardia e programmi di codifica che accentuano la mente creativa, l'esercizio facilitato e lo sviluppo dell'autorità Tuttavia, poiché il tutoraggio della meccanica all'avanguardia continua a svilupparsi, è fondamentale affrontare sfide come l'accesso, il valore e la pianificazione degli insegnanti per garantire che tutti gli studenti abbiano l'opportunità prevista di trarre vantaggio dalla preparazione della meccanica all'avanguardia. I tentativi di raccogliere l'autorizzazione per risorse e attività meccaniche all'avanguardia in reti sottoservite, fornire accessi significativi agli educatori e promuovere pratiche di visualizzazione di vasta portata sono fondamentali per chiudere la direzione STEM, aprire e attirare il tempo eccezionale di pionieri e risolutori di problemi Alla fine, l'innovazione meccanica sta cambiando il tutoraggio offrendo agli studenti opportunità dinamiche di sviluppo che potenziano le menti creative, il pensiero definitivo e l'impegno composto. Dai pacchetti LEGO Mindstorms nelle scuole elementari alle sfide di innovazione meccanica nelle scuole facoltative e nelle università, la preparazione meccanica di alto livello sta stimolando gli studenti a esplorare le materie STEM in modi finora insondabili. Mentre continuiamo a fornire il potere di meccanismi all'avanguardia nella preparazione, rimaniamo fissi sulla creazione di condizioni di apprendimento estese che colleghino tutti gli studenti per avere successo e prosperare nel 21° secolo. Inoltre, mentre il progresso continua a creare, le porte aperte per si stanno sviluppando meccanismi all'avanguardia nel tutoraggio, offrendo nuovi ingressi per colpire e modificare le porte aperte per lo sviluppo. I progressi della realtà virtuale ed estesa (VR/AR), ad esempio, vengono facilitati nell'innovazione meccanica, preparandosi a creare circostanze virtuali in cui gli studenti possono progettare, costruire e testare robot in ambienti ricostruiti. Queste esperienze virtuali coinvolgono gli studenti a esaminare pensieri e circostanze complessi in modo protetto e naturale, aggiornando la loro comprensione e il supporto dei principi STEM. Inoltre, l'innovazione meccanica viene utilizzata per aiutare il progresso interdisciplinare in molti settori dell'informazione, dall'artigianato, alla musica, alla storia. e comporre. Ad esempio, la meccanica di alto livello che consolida parti della descrizione, dell'inventiva e della progettazione sfida gli studenti a pensare in senso generale e con fantasia mentre fanno rivivere le loro contemplazioni attraverso una meccanica all'avanguardia. Pianificando i meccanismi avanzati in contesti curriculari raggruppati, gli educatori possono attirare gli studenti in enormi e significative porte aperte per lo sviluppo che superano qualsiasi confine tra speculazione e pratica. Inoltre, la meccanica di alto livello potenzia la partecipazione generale e lo scambio sociale da parte di studenti partner provenienti da diversi paesi e istituti attraverso avventure e contese condivise di meccanica avanzata. Progetti come Vital Global Test e RoboCup Junior uniscono gruppi di studenti provenienti da tutto il mondo per collaborare sulle difficoltà dell'innovazione meccanica e mostrare le loro doti su un palcoscenico generale. Questi sforzi composti a livello mondiale promuovono conoscenze e partnership diversificate e offrono agli studenti opportunità critiche per incoraggiare la partecipazione, la corrispondenza e le capacità organizzative in un contesto multiculturale. Inoltre, il tutoraggio sull'innovazione meccanica collega gli studenti per diventare risolutori di problemi e migliorare le loro organizzazioni applicando la loro comprensione e capacità di determinare problemi e problemi reali. Ad esempio, i progetti di innovazione meccanica incentrati sulla protezione regolare, sulla risposta ai guasti e sulla considerazione clinica coinvolgono gli studenti a includere lo sviluppo meccanico avanzato per lo straordinario sociale e ad avere un risultato prezioso per le loro organizzazioni. Partecipando a progetti di apprendimento assistito, gli studenti incoraggiano la compassione, la simpatia e un senso di impegno sociale, posizionandoli per diventare morali e associati agli occupanti in un mondo inconfutabilmente interconnesso. Tuttavia, poiché l'innovazione meccanica continua a essere creata, è fondamentale per affrontare lo stress sulle conseguenze morali, sociali e biologiche dello sviluppo di una meccanica all'avanguardia. Le discussioni sull'uso etico dell'innovazione meccanica, comprese questioni come sicurezza, libertà e inclinazione, dovrebbero essere facilitate nell'organizzazione didattica della meccanica all'avanguardia per garantire che gli studenti abbiano una conoscenza sfumata degli esami etici derivanti dalla progettazione e dall'invio di strutture informatiche. . Inoltre, i tentativi di promuovere la sensibilità e il miglioramento competente nel tutoraggio dell'innovazione meccanica sono fondamentali per garantire che gli studenti siano preparati ad affrontare le sfide sconcertanti e le possibilità del futuro. Alla fine, la meccanica di alto livello sta cambiando la preparazione offrendo agli studenti opportunità interessanti e sorprendenti. per lo sviluppo che sviluppa menti creative, pensiero inequivocabile e sforzo composto. Dalle unità LEGO Mindstorms nelle scuole elementari alle sfide mondiali di innovazione meccanica nelle scuole e nelle università opzionali, la preparazione all'innovazione meccanica sta spingendo gli studenti a esaminare le materie STEM in modi finora insondabili. Mentre continuiamo a sfruttare il potere dell'innovazione meccanica nella preparazione, continuiamo a impegnarci a creare condizioni di apprendimento complete che colleghino tutti gli studenti affinché diventino studenti e pionieri affermati che potranno prosperare nel 21° secolo per dire il massimo. meno.il Vital Global Test e la RoboCup

Junior uniscono gruppi di studenti provenienti da tutto il mondo per collaborare sulle difficoltà dell'innovazione meccanica e mostrare i loro doni su un palcoscenico generale. Questi sforzi composti a livello mondiale promuovono conoscenze e partnership diversificate e offrono agli studenti opportunità critiche per incoraggiare la partecipazione, la corrispondenza e le capacità organizzative in un contesto multiculturale. Inoltre, il tutoraggio sull'innovazione meccanica collega gli studenti per diventare risolutori di problemi e migliorare le loro organizzazioni applicando la loro comprensione e capacità di determinare problemi e problemi reali. Ad esempio, i progetti di innovazione meccanica incentrati sulla protezione regolare, sulla risposta ai guasti e sulla considerazione clinica coinvolgono gli studenti a includere lo sviluppo meccanico avanzato per lo straordinario sociale e ad avere un risultato prezioso per le loro organizzazioni. Partecipando a progetti di apprendimento assistito, gli studenti incoraggiano la compassione, la simpatia e un senso di impegno sociale, posizionandoli per diventare morali e associati agli occupanti in un mondo inconfutabilmente interconnesso. Tuttavia, poiché l'innovazione meccanica continua a essere creata, è fondamentale per affrontare lo stress sulle conseguenze morali, sociali e biologiche dello sviluppo di una meccanica all'avanguardia. Le discussioni sull'uso etico dell'innovazione meccanica, comprese questioni come sicurezza, libertà e inclinazione, dovrebbero essere facilitate nell'organizzazione didattica della meccanica all'avanguardia per garantire che gli studenti abbiano una conoscenza sfumata degli esami etici derivanti dalla progettazione e dall'invio di strutture informatiche. . Inoltre, i tentativi di promuovere la sensibilità e il miglioramento competente nel tutoraggio dell'innovazione meccanica sono fondamentali per garantire che gli studenti siano preparati ad affrontare le sfide sconcertanti e le possibilità del futuro. Alla fine, la meccanica di alto livello sta cambiando la preparazione offrendo agli studenti opportunità interessanti e sorprendenti. per lo sviluppo che sviluppa menti creative, pensiero inequivocabile e sforzo composto. Dalle unità LEGO Mindstorms nelle scuole elementari alle sfide mondiali di innovazione meccanica nelle scuole e nelle università opzionali, la preparazione all'innovazione meccanica sta spingendo gli studenti a esaminare le materie STEM in modi finora insondabili. Mentre continuiamo a sfruttare il potere dell'innovazione meccanica nella preparazione, continuiamo a impegnarci a creare condizioni di apprendimento complete che colleghino tutti gli studenti affinché diventino studenti e pionieri affermati che potranno prosperare nel 21° secolo per dire il massimo. meno.il Vital Global Test e la RoboCup Junior uniscono gruppi di studenti provenienti da tutto il mondo per collaborare sulle difficoltà dell'innovazione meccanica e mostrare i loro doni su un palcoscenico generale. Questi sforzi composti a livello mondiale promuovono conoscenze e partnership diversificate e offrono agli studenti opportunità critiche per incoraggiare la partecipazione, la corrispondenza e le capacità organizzative in un contesto multiculturale. Inoltre, il tutoraggio sull'innovazione meccanica collega gli studenti per diventare risolutori di problemi e migliorare le loro organizzazioni applicando la loro comprensione e capacità di determinare problemi e problemi reali. Ad esempio, i progetti di innovazione meccanica incentrati sulla protezione regolare, sulla risposta ai guasti e sulla considerazione clinica coinvolgono gli studenti a includere lo sviluppo meccanico avanzato per lo straordinario sociale e ad avere un risultato prezioso per le loro organizzazioni. Partecipando a progetti di apprendimento assistito, gli studenti incoraggiano la compassione, la simpatia e un senso di impegno sociale, posizionandoli per diventare morali e associati agli occupanti in un mondo inconfutabilmente interconnesso. Tuttavia, poiché l'innovazione meccanica continua a essere creata, è fondamentale per affrontare lo stress sulle conseguenze morali, sociali e biologiche dello sviluppo di una meccanica all'avanguardia. Le discussioni sull'uso etico dell'innovazione meccanica, comprese questioni come sicurezza, libertà e inclinazione, dovrebbero essere facilitate nell'organizzazione didattica della meccanica all'avanguardia per garantire che gli studenti abbiano una conoscenza sfumata degli esami etici derivanti dalla progettazione e dall'invio di strutture informatiche. . Inoltre, i tentativi di promuovere la sensibilità e il miglioramento competente nel tutoraggio dell'innovazione meccanica sono fondamentali per garantire che gli studenti siano preparati ad affrontare le sfide sconcertanti e le possibilità del futuro. Alla fine, la meccanica di alto livello sta cambiando la preparazione offrendo agli studenti opportunità interessanti e sorprendenti. per lo sviluppo che sviluppa menti creative, pensiero inequivocabile e sforzo composto. Dalle unità LEGO Mindstorms nelle scuole elementari alle sfide mondiali di innovazione meccanica nelle scuole e nelle università opzionali, la preparazione all'innovazione meccanica sta spingendo gli studenti a esaminare le materie STEM in modi finora insondabili. Mentre continuiamo a sfruttare il potere dell'innovazione meccanica nella preparazione, continuiamo a impegnarci a creare condizioni di apprendimento complete che colleghino tutti gli studenti affinché diventino studenti e pionieri affermati che potranno prosperare nel 21° secolo per dire il massimo. meno.Il tutoraggio sull'innovazione meccanica mette in contatto gli studenti per diventare risolutori di problemi e migliorare le loro organizzazioni applicando la loro comprensione e capacità per determinare problemi e problemi reali. Ad esempio, i progetti di innovazione meccanica incentrati sulla protezione regolare, sulla risposta ai guasti e sulla considerazione clinica coinvolgono gli studenti a includere lo sviluppo meccanico avanzato per lo straordinario sociale e ad avere un risultato prezioso per le loro organizzazioni. Partecipando a progetti di apprendimento assistito, gli studenti incoraggiano la compassione, la simpatia e un senso di impegno sociale, posizionandoli per diventare morali e associati agli occupanti in un mondo inconfutabilmente interconnesso. Tuttavia, poiché l'innovazione meccanica continua a essere creata, è fondamentale per affrontare lo stress sulle conseguenze morali, sociali e biologiche dello sviluppo di una meccanica all'avanguardia. Le discussioni sull'uso etico dell'innovazione meccanica, comprese questioni come sicurezza, libertà e inclinazione, dovrebbero essere facilitate nell'organizzazione didattica della meccanica all'avanguardia per garantire che gli studenti abbiano una conoscenza sfumata degli esami etici derivanti dalla progettazione e dall'invio di strutture informatiche. . Inoltre, i tentativi di promuovere la sensibilità e il miglioramento competente nel tutoraggio dell'innovazione meccanica sono fondamentali per garantire che gli studenti siano preparati ad affrontare le sfide sconcertanti e le possibilità del futuro. Alla fine, la meccanica di alto livello sta cambiando la preparazione offrendo agli studenti opportunità interessanti e sorprendenti. per lo sviluppo che sviluppa menti creative, pensiero inequivocabile e sforzo composto. Dalle unità LEGO Mindstorms nelle scuole elementari alle sfide mondiali di innovazione meccanica nelle scuole e nelle università opzionali, la preparazione all'innovazione meccanica sta spingendo gli studenti a esaminare le materie STEM in modi finora insondabili. Mentre continuiamo a sfruttare il potere dell'innovazione meccanica nella preparazione, continuiamo a impegnarci a creare condizioni di apprendimento complete che colleghino tutti gli studenti affinché diventino studenti e pionieri affermati che potranno prosperare nel 21° secolo per dire il massimo. meno.Il tutoraggio sull'innovazione meccanica mette in contatto gli studenti per diventare risolutori di problemi e migliorare le loro organizzazioni applicando la loro comprensione e capacità per determinare problemi e problemi reali. Ad esempio, i progetti di innovazione meccanica incentrati sulla protezione regolare, sulla risposta ai guasti e sulla considerazione clinica coinvolgono gli studenti a includere lo sviluppo meccanico avanzato per lo straordinario sociale e ad avere un risultato prezioso per le loro organizzazioni. Partecipando a progetti di apprendimento assistito, gli studenti incoraggiano la compassione, la simpatia e un senso di impegno sociale, posizionandoli per diventare morali e associati agli occupanti in un mondo inconfutabilmente interconnesso. Tuttavia, poiché l'innovazione meccanica continua a essere creata, è fondamentale per affrontare lo stress sulle conseguenze morali, sociali e biologiche dello sviluppo di una meccanica all'avanguardia. Le discussioni sull'uso etico dell'innovazione meccanica, comprese questioni come sicurezza, libertà e inclinazione, dovrebbero essere facilitate nell'organizzazione didattica della meccanica all'avanguardia per garantire che gli studenti abbiano una conoscenza sfumata degli esami etici derivanti dalla progettazione e dall'invio di strutture informatiche. . Inoltre, i tentativi di stimolare la sensibilità e il miglioramento competente nel tutoraggio dell'innovazione meccanica sono fondamentali per garantire che gli studenti siano preparati ad affrontare le sfide sconcertanti e le possibilità del futuro. Alla fine, la meccanica di alto livello sta cambiando la preparazione offrendo agli studenti opportunità attraenti e sorprendenti. per lo sviluppo che sviluppa menti creative, pensiero inequivocabile e sforzo composto. Dalle unità LEGO Mindstorms nelle scuole elementari alle sfide mondiali di innovazione meccanica nelle scuole e nelle università opzionali, la preparazione all'innovazione meccanica sta spingendo gli studenti a esaminare le materie STEM in modi finora insondabili. Mentre continuiamo a sfruttare il potere dell'innovazione meccanica nella preparazione, continuiamo a impegnarci a creare condizioni di apprendimento complete che colleghino tutti gli studenti affinché diventino studenti e pionieri affermati che potranno prosperare nel 21° secolo per dire il massimo. meno.comprese questioni come la sicurezza, la libertà e l'inclinazione, dovrebbero essere facilitate in una disposizione didattica meccanica all'avanguardia per garantire che gli studenti abbiano una conoscenza sfumata degli esami etici coinvolti nell'organizzazione e nell'invio di strutture informatiche. Inoltre, i tentativi di promuovere la sensibilità e il miglioramento competente nel tutoraggio dell'innovazione meccanica sono fondamentali per garantire che gli studenti siano preparati ad affrontare le sfide sconcertanti e le possibilità del futuro. Alla fine, la meccanica di alto livello sta cambiando la preparazione offrendo agli studenti opportunità interessanti e sorprendenti. per lo sviluppo che sviluppa menti creative, pensiero inequivocabile e sforzo composto. Dalle unità LEGO Mindstorms nelle scuole elementari alle sfide mondiali di innovazione meccanica nelle scuole e nelle università opzionali, la preparazione all'innovazione meccanica sta spingendo gli studenti a esaminare le materie STEM in modi finora insondabili. Mentre continuiamo a sfruttare il potere dell'innovazione meccanica nella preparazione, continuiamo a impegnarci a creare condizioni di apprendimento complete che colleghino tutti gli studenti affinché diventino studenti e pionieri affermati che potranno prosperare nel 21° secolo per dire il massimo. meno.comprese questioni come la sicurezza, la libertà e l'inclinazione, dovrebbero essere facilitate in una disposizione didattica meccanica all'avanguardia per garantire che gli studenti abbiano una conoscenza sfumata degli esami etici coinvolti nell'organizzazione e nell'invio di strutture informatiche. Inoltre, i tentativi di promuovere la sensibilità e il miglioramento competente nel tutoraggio dell'innovazione meccanica sono fondamentali per garantire che gli studenti siano preparati ad affrontare le sfide sconcertanti e le possibilità del futuro. Alla fine, la meccanica di alto livello sta cambiando la preparazione offrendo agli studenti opportunità interessanti e sorprendenti. per lo sviluppo che sviluppa menti creative, pensiero inequivocabile e sforzo composto. Dalle unità LEGO Mindstorms nelle scuole elementari alle sfide mondiali di innovazione meccanica nelle scuole e nelle università opzionali, la preparazione all'innovazione meccanica sta spingendo gli studenti a esaminare le materie STEM in modi finora insondabili. Mentre continuiamo a sfruttare il potere dell'innovazione meccanica nella preparazione, continuiamo a impegnarci a creare condizioni di apprendimento complete che colleghino tutti gli studenti affinché diventino studenti e pionieri affermati che potranno prosperare nel 21° secolo per dire il massimo. meno.

## Coordinamento della tecnologia meccanica nel programma educativo STEM

L'organizzazione del miglioramento meccanico nell'organizzazione STEM (scienza, progresso, collezionismo e apprendimento) è fondamentale per riunire gli studenti con gli endpoint di cui hanno bisogno per il mondo generale. Dovremmo considerare come il miglioramento può potenziare l'apprendimento STEM: Condizioni di apprendimento standard online: queste fasi premiano gli studenti che saranno attratti dalla soddisfazione. Possono partecipare a rievocazioni, test ed esercizi impegnativi relativi alle valutazioni meccaniche. Gli strumenti online possono fornire dati rapidi e modificarli in base alle nozioni di base di guida individuali. Reindirizzamento: i miglioramenti sono risorse centrali per mostrare le regole meccaniche. Gli studenti possono provare cose diverse in condizioni diverse, notare risultati e acquisire esperienze sensate. Ad esempio, replicare piani meccanici o elaborare modelli virtuali può rimanere consapevole della loro comprensione. Realtà espansa (AR): l'AR sovrappone dati avanzati a questa forte realtà. In un ambiente meccanico, l'AR può aiutare gli studenti a immaginare progetti complessi, come motori o strutture di materiale. Immagina gli studenti che indossano occhiali AR e vedono modelli 3D comuni di parti meccaniche durante un modello. Realtà creata dal PC (VR): la realtà virtuale abbatte gli studenti in un clima trasmesso dal PC. Per la direzione meccanica, la realtà virtuale può ricreare la realizzazione di pavimenti di impianti, piani di miglioramento moderati o molto spazio. Gli studenti possono vedere attrezzature, problemi di ricerca e tentativi di supporto pratico in un clima controllato e controllato. Gioco Elettronico: La gamification può rendere indiscutibili le valutazioni meccaniche dell'apprendimento. I giochi illuminanti possono spingere gli studenti a sprofondare nel coordinamento dei problemi, nella raccolta di strutture o nel progresso delle strutture meccaniche. Organizzando le meccaniche di gioco, gli istruttori possono rimanere consapevoli della realtà e dell'ispirazione.

## Capitolo 7: Veicoli indipendenti: verso un futuro senza conducente

*Negli ultimi tempi, i veicoli indipendenti sono emersi come innovazione rivoluzionaria con la possibilità di riformare il modo in cui viaggiamo, guidiamo e trasportiamo prodotti. Dai veicoli e camion a guida autonoma ai robot indipendenti e ai robot di trasporto, l'ascesa dei veicoli indipendenti sta rimodellando il destino dei trasporti e della versatilità. In questa parte, indagheremo la svolta degli eventi, le difficoltà e le ramificazioni dei veicoli indipendenti mentre ci dirigiamo verso un futuro senza conducente.*

All'avanguardia nell'innovazione dei veicoli indipendenti ci sono i veicoli a guida autonoma, che utilizzano una combinazione di sensori, telecamere, radar e calcoli della coscienza realizzati dall'uomo per esplorare le strade e il traffico senza la mediazione umana. Organizzazioni come Tesla, Waymo e Journey stanno aprendo la strada alla creazione e alla sperimentazione di sistemi di guida indipendenti che garantiscono di rendere le strade più sicure, ridurre gli ingorghi e aumentare la portabilità per le persone di qualsiasi età e capacità. Questi veicoli a guida autonoma possono cambiare il trasporto metropolitano, conferendo vantaggi di versatilità su richiesta e armate di veicoli indipendenti condivisi che integrano i viaggi pubblici e riducono la dipendenza dalla proprietà riservata dei veicoli. Inoltre, i veicoli indipendenti sono pronti a modificare i fattori coordinati e l'industria dei trasporti potenziando completamente camion e veicoli di trasporto indipendenti che possono lavorare giorno dopo giorno senza la necessità di conducenti umani. Aziende come Leave, TuSimple e Amazon stanno creando accordi di spedizione indipendenti che garantiscono una maggiore competenza, riducono i costi e sviluppano ulteriormente il benessere nel trasporto merci a lungo raggio. Robotizzando le attività di routine, ad esempio la guida e il percorso, i camion indipendenti possono modificare le operazioni pianificate della rete di produzione e sconvolgere il modo in cui le merci vengono spedite e trasportate nel paese in giro per il mondo. Inoltre, i veicoli indipendenti stanno superando il trasporto stradale convenzionale per incorporare sistemi aeronautici automatizzati. veicoli (UAV) e droni in grado di esplorare autonomamente lo spazio aereo e trasportare manodopera e prodotti in regioni remote o non disponibili. Aziende come Amazon Prime Air e Google's Wing stanno creando sistemi di trasporto robotizzati indipendenti che garantiscano la riforma delle operazioni pianificate dell'ultimo miglio e consentano un trasporto più rapido ed efficace di pacchi, forniture mediche e servizi di risposta alle crisi. Questi robot indipendenti possono cambiare progetti come attività basate sul web, servizi medici e aiuti in caso di calamità fornendo trasporti rapidi e su richiesta ai clienti e alle reti in difficoltà. Tuttavia, man mano che i veicoli indipendenti vengono progressivamente coordinati nelle nostre strutture di trasporto, fanno anche emergere questioni e difficoltà significative legate alla sicurezza, alle linee guida e alla morale. Le preoccupazioni sulla qualità incrollabile e sul benessere dei sistemi di guida indipendenti, sui potenziali incidenti e impatti e sulle implicazioni morali delle scelte di programmazione dovrebbero essere affrontate scrupolosamente per garantire che i veicoli indipendenti siano inviati in modo affidabile e moralmente. Inoltre, gli sforzi per definire strutture amministrative chiare e linee guida per la sperimentazione e l'organizzazione di veicoli indipendenti sono fondamentali per garantire la fiducia del pubblico in questa tecnologia in crescita. Inoltre, man mano che i veicoli indipendenti diventano più pervasivi nelle nostre strade e nei nostri cieli,possono rimodellare le scene metropolitane e cambiare il modo in cui pianifichiamo e pianifichiamo le comunità urbane. I veicoli indipendenti potrebbero portare a cambiamenti nell'uso del territorio, nell'abbandono del sistema e nelle organizzazioni dei trasporti, poiché le aree urbane si adattano per accettare nuovi metodi di versatilità e ridurre la dipendenza dalla proprietà riservata dei veicoli. Inoltre, i veicoli indipendenti possono migliorare ulteriormente l'accesso ai trasporti per le reti sottoservite, diminuire le emanazioni di sostanze che riducono lo strato di ozono e aprire nuove porte alla svolta finanziaria degli eventi e all'equità sociale. Alla fine, i veicoli indipendenti ci stanno guidando verso un futuro in cui i trasporti è più sicuro, più competente e più aperto a tutti. Dai veicoli e camion a guida autonoma ai robot indipendenti e ai robot di trasporto, l'ascesa dei veicoli indipendenti sta rimodellando il modo in cui spostiamo merci e individui, offrendo nuove porte aperte allo sviluppo e al disturbo nel settore dei trasporti. Mentre continuiamo a esplorare la strada verso un futuro senza conducente, restiamo consapevoli delle preziose porte aperte e delle difficoltà che i veicoli indipendenti presentano e lavoriamo insieme per garantire che questa straordinaria innovazione avvantaggi la società nel suo complesso. Inoltre, poiché l'innovazione dei veicoli indipendenti continua Per quanto riguarda la propulsione, si sta sviluppando un interesse nello studio delle sue applicazioni previste in diverse aree oltre ai trasporti, tra cui l'agricoltura, lo sviluppo e la sicurezza pubblica. Robot e robot indipendenti, dotati di sensori e calcoli di intelligenza artificiale, vengono utilizzati per monitorare i raccolti, valutare le fondazioni e rispondere alle crisi in condizioni remote o pericolose. Queste strutture indipendenti offrono nuove porte aperte per espandere l'efficienza, ridurre i costi e sviluppare ulteriormente la sicurezza in un'ampia varietà di settori. Inoltre, i veicoli indipendenti possono cambiare il modo in cui valutiamo la portabilità e la disponibilità per le persone con handicap e sfide di versatilità. I veicoli a guida autonoma e i trasporti indipendenti dotati di funzionalità disponibili per sedie a rotelle e progressi di assistenza offrono ulteriori opportunità di viaggio autonomo e di riconciliazione locale per le persone con disabilità. Fornendo servizi di trasporto da casa a casa su richiesta, i veicoli indipendenti possono migliorare la soddisfazione personale e la considerazione sociale delle persone con difficoltà motorie. Inoltre, man mano che i veicoli indipendenti diventano più comuni nelle nostre strade e nelle nostre comunità urbane, stanno creando enormi quantità di informazioni che possono essere utilizzate per sviluppare ulteriormente le strutture di trasporto e la preparazione metropolitana.ridurre le emanazioni di sostanze che riducono lo strato di ozono e aprire nuove porte alla svolta finanziaria degli eventi e all'equità sociale. Alla fine, i veicoli indipendenti ci stanno guidando verso un futuro in cui i trasporti sono più sicuri, più efficienti e più aperti a tutti. Dai veicoli e camion a guida autonoma ai robot indipendenti e ai robot di trasporto, l'ascesa dei veicoli indipendenti sta rimodellando il modo in cui spostiamo merci e individui, offrendo nuove porte aperte allo sviluppo e al disturbo nel settore dei trasporti. Mentre continuiamo a esplorare la strada verso un futuro senza conducente, restiamo consapevoli delle preziose porte aperte e delle difficoltà che i veicoli indipendenti presentano e lavoriamo insieme per garantire che questa straordinaria innovazione avvantaggi la società nel suo complesso. Inoltre, poiché l'innovazione dei veicoli indipendenti continua Per quanto riguarda la propulsione, si sta sviluppando un interesse nello studio delle sue applicazioni previste in diverse aree oltre ai trasporti, tra cui l'agricoltura, lo sviluppo e la sicurezza pubblica. Robot e robot indipendenti, dotati di sensori e calcoli di intelligenza artificiale, vengono utilizzati per monitorare i raccolti, valutare le fondazioni e rispondere alle crisi in condizioni remote o pericolose. Queste strutture indipendenti offrono nuove porte aperte per espandere l'efficienza, ridurre i costi e sviluppare ulteriormente la sicurezza in un'ampia varietà di settori. Inoltre, i veicoli indipendenti possono cambiare il modo in cui valutiamo la portabilità e la disponibilità per le persone con handicap e sfide di versatilità. I veicoli a guida autonoma e i trasporti indipendenti dotati di funzionalità disponibili per sedie a rotelle e progressi di assistenza offrono ulteriori opportunità di viaggio autonomo e di riconciliazione locale per le persone con disabilità. Fornendo servizi di trasporto da casa a casa su richiesta, i veicoli indipendenti possono migliorare la soddisfazione personale e la considerazione sociale delle persone con difficoltà motorie. Inoltre, man mano che i veicoli indipendenti diventano più comuni nelle nostre strade e nelle nostre comunità urbane, stanno creando enormi quantità di informazioni che possono essere utilizzate per sviluppare ulteriormente le strutture di trasporto e la preparazione metropolitana.ridurre le emanazioni di sostanze che riducono lo strato di ozono e aprire nuove porte alla svolta finanziaria degli eventi e all'equità sociale. Alla fine, i veicoli indipendenti ci stanno guidando verso un futuro in cui i trasporti sono più sicuri, più efficienti e più aperti a tutti. Dai veicoli e camion a guida autonoma ai robot indipendenti e ai robot di trasporto, l'ascesa dei veicoli indipendenti sta rimodellando il modo in cui spostiamo merci e individui, offrendo nuove porte aperte allo sviluppo e al disturbo nel settore dei trasporti. Mentre continuiamo a esplorare la strada verso un futuro senza conducente, restiamo consapevoli delle preziose porte aperte e delle difficoltà che i veicoli indipendenti presentano e lavoriamo insieme per garantire che questa straordinaria innovazione avvantaggi la società nel suo complesso. Inoltre, poiché l'innovazione dei veicoli indipendenti continua Per quanto riguarda la propulsione, si sta sviluppando un interesse nello studio delle sue applicazioni previste in diverse aree oltre ai trasporti, tra cui l'agricoltura, lo sviluppo e la sicurezza pubblica. Robot e robot indipendenti, dotati di sensori e calcoli di intelligenza artificiale, vengono utilizzati per monitorare i raccolti, valutare le fondazioni e rispondere alle crisi in condizioni remote o pericolose. Queste strutture indipendenti offrono nuove porte aperte per espandere l'efficienza, ridurre i costi e sviluppare ulteriormente la sicurezza in un'ampia varietà di settori. Inoltre, i veicoli indipendenti possono cambiare il modo in cui valutiamo la portabilità e la disponibilità per le persone con handicap e sfide di versatilità. I veicoli a guida autonoma e i trasporti indipendenti dotati di funzionalità disponibili per sedie a rotelle e progressi di assistenza offrono ulteriori opportunità di viaggio autonomo e di riconciliazione locale per le persone con disabilità. Fornendo servizi di trasporto da casa a casa su richiesta, i veicoli indipendenti possono migliorare la soddisfazione personale e la considerazione sociale delle persone con difficoltà motorie. Inoltre, man mano che i veicoli indipendenti diventano più comuni nelle nostre strade e nelle nostre comunità urbane, stanno creando enormi quantità di informazioni che possono essere utilizzate per sviluppare ulteriormente le strutture di trasporto e la preparazione metropolitana.Man mano che l'innovazione dei veicoli indipendenti continua a svilupparsi, cresce l'interesse nello studio delle sue previste applicazioni in diversi settori oltre ai trasporti, tra cui l'agricoltura, lo sviluppo e la sicurezza pubblica. Robot e robot indipendenti, dotati di sensori e calcoli di intelligenza artificiale, vengono utilizzati per monitorare i raccolti, valutare le fondazioni e rispondere alle crisi in condizioni remote o pericolose. Queste strutture indipendenti offrono nuove porte aperte per espandere l'efficienza, ridurre i costi e sviluppare ulteriormente la sicurezza in un'ampia varietà di settori. Inoltre, i veicoli indipendenti possono cambiare il modo in cui valutiamo la portabilità e la disponibilità per le persone con handicap e sfide di versatilità. I veicoli a guida autonoma e i trasporti indipendenti dotati di funzionalità disponibili per sedie a rotelle e progressi di assistenza offrono ulteriori opportunità di viaggio autonomo e di riconciliazione locale per le persone con disabilità. Fornendo servizi di trasporto da casa a casa su richiesta, i veicoli indipendenti possono migliorare la soddisfazione personale e la considerazione sociale delle persone con difficoltà motorie. Inoltre, man mano che i veicoli indipendenti diventano più comuni nelle nostre strade e nelle nostre comunità urbane, stanno creando enormi quantità di informazioni che possono essere utilizzate per sviluppare ulteriormente le strutture di trasporto e la preparazione metropolitana.Man mano che l'innovazione dei veicoli indipendenti continua a svilupparsi, cresce l'interesse nello studio delle sue previste applicazioni in diversi settori oltre ai trasporti, tra cui l'agricoltura, lo sviluppo e la sicurezza pubblica. Robot e robot indipendenti, dotati di sensori e calcoli di intelligenza artificiale, vengono utilizzati per monitorare i raccolti, valutare le fondazioni e rispondere alle crisi in condizioni remote o pericolose. Queste strutture indipendenti offrono nuove porte aperte per espandere l'efficienza, ridurre i costi e sviluppare ulteriormente la sicurezza in un'ampia varietà di settori. Inoltre, i veicoli indipendenti possono cambiare il modo in cui valutiamo la portabilità e la disponibilità per le persone con handicap e sfide di versatilità. I veicoli a guida autonoma e i trasporti indipendenti dotati di funzionalità disponibili per sedie a rotelle e progressi di assistenza offrono ulteriori opportunità di viaggio autonomo e di riconciliazione locale per le persone con disabilità. Fornendo servizi di trasporto da casa a casa su richiesta, i veicoli indipendenti possono migliorare la soddisfazione personale e la considerazione sociale delle persone con difficoltà motorie. Inoltre, man mano che i veicoli indipendenti diventano più comuni nelle nostre strade e nelle nostre comunità urbane, stanno creando enormi quantità di informazioni che possono essere utilizzate per sviluppare ulteriormente le strutture di trasporto e la preparazione metropolitana.

Esaminando le informazioni raccolte da sensori, telecamere e diverse fonti, gli organizzatori dei trasporti e i politici possono acquisire esperienze nella progettazione del traffico, nelle aree di interesse di blocco e nella condotta di viaggio, consentendo loro di arrivare a conclusioni informate sulle iniziative quadro e sugli approcci ai trasporti. Inoltre, i veicoli indipendenti possono dialogare tra loro e con astute strutture di base per migliorare il flusso del traffico, ridurre gli incidenti e migliorare in generale l'efficienza dei trasporti. Tuttavia, allo stesso modo, con qualsiasi innovazione problematica, la diffusione diffusa di veicoli indipendenti presenta anche difficoltà e potenziali pericoli a cui prestare attenzione. Le preoccupazioni sulla sicurezza, la protezione e la garanzia delle informazioni della rete dovrebbero essere affrontate per garantire l'affidabilità e la sicurezza dei sistemi di veicoli indipendenti e delle informazioni che creano. Inoltre, il progresso verso i veicoli indipendenti potrebbe avere effetti positivi sui mercati aziendali e del lavoro, in particolare per i lavoratori nelle imprese, ad esempio, nei trasporti e nelle operazioni coordinate che potrebbero essere sradicati dall'automazione. Inoltre, le considerazioni morali legate ai calcoli dinamici e ai problemi morali dovrebbero essere scrupolosamente considerati per garantire che i veicoli indipendenti si concentrino sulla sicurezza e la prosperità umana in ogni circostanza. Allo stesso modo dovrebbero essere affrontate richieste relative al rischio e alla responsabilità in caso di incidenti o delusioni dei sistemi di veicoli indipendenti per garantire che siano istituiti sistemi legittimi adeguati per salvaguardare i privilegi e gli interessi di tutti i gruppi coinvolti. Alla fine, i veicoli indipendenti ci stanno portando verso un futuro in cui i trasporti saranno più sicuri, più produttivi e più aperti a tutti. Dai veicoli e camion a guida autonoma ai robot indipendenti e ai robot di trasporto, l'ascesa dei veicoli indipendenti sta rimodellando il modo in cui spostiamo merci e individui, offrendo nuove porte aperte al progresso e al disturbo nel settore dei trasporti. Mentre continuiamo a esplorare la strada verso un futuro senza conducente, restiamo consapevoli delle potenziali porte aperte e delle difficoltà che i veicoli indipendenti presentano e lavoriamo insieme per garantire che questa straordinaria innovazione vada a beneficio della società in generale.

## Muoversi sulle strade con veicoli alimentati dall'intelligenza artificiale

Il progresso della coscienza creata dall'uomo (intelligenza creata dall'uomo) nel progresso dei veicoli indipendenti ha cambiato il modo in cui immaginiamo i trasporti. Che ne dici di indagare su come l'intelligenza artificiale sta determinando il destino finale dei veicoli a guida autonoma e rendendo le strade più sicure e più produttive? Pensiero simile a quello umano per percorsi indipendenti: gli specialisti del MIT hanno creato una struttura che consente ai veicoli senza conducente di esplorare condizioni nuove e complesse utilizzando solo guide di base e informazioni visive.

I conducenti umani dipendono dalla percezione e dagli apparati di base per esplorare nuove strade. Abbinano ciò che vedono intorno a loro ai dati GPS. È interessante notare che i veicoli senza conducente combattono con questo pensiero essenziale. Inizialmente dovrebbero progettare ed esaminare nuove strade, il che è noioso. Il framework del MIT "padroneggia" gli esempi guidati dai guidatori umani mentre esplorano una piccola regione. Utilizza una videocamera e una guida semplice simile a un GPS. Una volta preparato, il sistema ha un certo controllo su un veicolo senza conducente lungo un percorso organizzato in una nuova regione imitando il conducente umano. Allo stesso modo identifica le confusioni tra la sua guida e i punti salienti delle strade, permettendogli di affrontare il suo percorso. Applicazioni dell'intelligenza artificiale nei veicoli indipendenti: l'intelligenza simulata assume un ruolo critico in diverse parti dei veicoli indipendenti: Discernimento: calcoli di intelligenza basati su computer decifrano le informazioni dei sensori provenienti da telecamere, lidar, radar e diversi sensori per capire il clima. Direzione: l'intelligenza simulata aiuta i veicoli a perseguire opzioni suddivise e successive in base agli input dei sensori, alle condizioni del traffico e alle considerazioni sulla sicurezza. Combinazione di sensori: l'intelligenza basata su computer consolida le informazioni provenienti da vari sensori per creare una prospettiva di vasta portata sui fattori ambientali. Pianificazione e limitazione: l'intelligenza simulata aiuta a creare e aggiornare le guide, oltre a decidere l'area esatta del veicolo. L'obiettivo è quello di realizzare un percorso abbondante e indipendente in nuove condizioni. Ad esempio, un sistema progettato per guidare in un ambiente metropolitano dovrebbe esplorare facilmente regioni lussureggianti che non ha mai visto. Sicurezza e conforto: i calcoli dell'intelligenza artificiale anticipano le attività di altri clienti stradali, garantendo collaborazioni sicure. I veicoli a guida autonoma traggono costantemente vantaggio dalle nuove situazioni, adattandosi alle mutevoli condizioni stradali. Dipendendo dall'intelligenza artificiale, i veicoli indipendenti migliorano la sicurezza e offrono ai viaggiatori una visione di viaggio gradevole.

## Capitolo 8: Meccanica avanzata e agricoltura: sviluppare competenza e sostenibilità

Ultimamente, la tecnologia meccanica è diventata un fattore determinante per lo sviluppo dell'orticoltura, offrendo agli allevatori nuovi strumenti e progressi per sviluppare ulteriormente l'efficienza, ridurre i costi di lavoro e limitare gli effetti naturali. Dai veicoli da lavoro indipendenti e robot ai raccoglitori meccanici e alle diserbatrici, l'integrazione della tecnologia meccanica nel settore agricolo sta cambiando il modo in cui i raccolti vengono piantati, curati e raccolti. In questa sezione, esamineremo il lavoro della tecnologia meccanica nell'agroalimentare e svilupperemo competenza e sostenibilità nel potenziale di produzione alimentare. All'avanguardia della tecnologia meccanica in orticoltura ci sono veicoli e robot indipendenti che consentono metodi di coltivazione accurati, ad esempio la coltivazione a tasso fattoriale, l'applicazione specifica di pesticidi e l'osservazione della resa. I veicoli da lavoro indipendenti dotati di GPS e sensori possono esplorare i campi con precisione, seminare semi e applicare letame o pesticidi con precisione e produttività ideali. Inoltre, i droni dotati di telecamere e sensori possono raccogliere simbolismi di alto livello e informazioni su raccolti, condizioni del suolo e variabilità del campo, consentendo agli allevatori di giungere a conclusioni informate sul sistema idrico, sulla preparazione e sul fastidio dei dirigenti. Inoltre, la meccanica avanzata sta riformando la raccolta dei raccolti e la gestione dei cicli, consentendo una raccolta più rapida ed efficiente con minori necessità di lavoro. I raccoglitori automatizzati dotati di sistemi di visione e bracci meccanici possono raccogliere in modo specifico i prodotti pronti del terreno con precisione, limitando gli sprechi e aumentando la resa. Inoltre, i sistemi meccanici per la pianificazione, la valutazione e la pressatura dei raccolti consentono agli allevatori di elaborare e raggruppare i prodotti raccolti in modo rapido ed efficace, riducendo i problemi post-raccolto e migliorando ulteriormente la qualità dei prodotti e la durata di utilizzabilità. Inoltre, la tecnologia meccanica viene utilizzata per affrontare le carenze lavorative e l'aumento dei costi del lavoro nell'orticoltura attraverso la robotizzazione di attività noiose e veramente impegnative, come il diserbo, la potatura e la riduzione. Le diserbatrici meccaniche dotate di telecamere e calcoli di intelligenza artificiale possono distinguere ed eliminare le erbacce con precisione, diminuendo la necessità di erbicidi composti e lavoro fisico. In sostanza, i sistemi di potatura meccanica possono gestire piante e alberi con precisione, favorendo la creazione di prodotti naturali e diminuendo i costi di lavoro per i coltivatori. Inoltre, l'innovazione meccanica avanzata sta consentendo il miglioramento delle strutture di coltivazione indoor come i ranch verticali e i vivai in vasca, dove i raccolti vengono raccolti in condizioni controllate sotto illuminazione artificiale e strutture di controllo ambientale. Robot indipendenti e strutture di trasporto vengono utilizzati per spostare e supervisionare le piante durante tutto il processo di sviluppo, dalla generazione delle piantine alla raccolta e al raggruppamento.

Questi sistemi di coltivazione indoor offrono vantaggi, ad esempio, produzione durante tutto l'anno, rese di raccolto più elevate e minore utilizzo di acqua e pesticidi rispetto ai tradizionali metodi di coltivazione all'aperto. Tuttavia, poiché l'innovazione meccanica avanzata continua a spingere, solleva anche problemi significativi e difficoltà legate all'accoglienza, agli orientamenti e alle ramificazioni culturali. Le preoccupazioni circa i costi e l'apertura dell'innovazione della meccanica avanzata per gli allevatori a conduzione familiare e di portata limitata, così come il potenziale di rimozione del lavoro nelle reti provinciali, dovrebbero essere attentamente considerate per garantire che i vantaggi della meccanica avanzata in agricoltura siano diffusi in modo imparziale. Inoltre, gli sforzi per affrontare questioni morali e naturali, come l'uso di pesticidi e la progettazione ereditaria legata alla meccanica avanzata, sono fondamentali per promuovere pratiche di coltivazione sostenibili e affidabili. Alla fine, la meccanica avanzata sta cambiando l'orticoltura offrendo agli allevatori nuovi dispositivi e innovazioni per sviluppare ulteriormente l'efficacia, l'efficienza e la gestibilità nella creazione del cibo. Dai veicoli indipendenti e robot per la coltivazione di precisione ai raccoglitori automatizzati e alle strutture per la coltivazione indoor, la combinazione della meccanica avanzata nell'orticoltura sta cambiando il modo in cui i rendimenti vengono sviluppati, raccolti e maturati. Mentre continuiamo a sfruttare la forza della meccanica avanzata nell'orticoltura, rimaniamo concentrati sullo sviluppo di metodi di coltivazione completi e sostenibili a vantaggio degli allevatori, dei consumatori e dell'ambiente. Inoltre, man mano che l'innovazione della meccanica avanzata continua a svilupparsi, cresce l'interesse per studiando le sue possibili applicazioni nell'affrontare le sfide della sicurezza alimentare a livello mondiale e garantendo l'accesso a un'alimentazione nutriente e ragionevole per tutti. Accordi basati sulla tecnologia meccanica come allevamenti verticali computerizzati, sistemi di acquacoltura e sistemi acquaponici offrono porte aperte per la creazione di cibo tutto l'anno nelle regioni metropolitane e peri-metropolitane, diminuendo la dipendenza dall'agricoltura tradizionale ed espandendo la versatilità alimentare locale. Inoltre, l'innovazione meccanica avanzata può assumere un ruolo urgente nel miglioramento dell'efficienza e della flessibilità rurale nonostante i cambiamenti ambientali, consentendo agli allevatori di adattarsi alle mutevoli circostanze naturali e alleviare gli effetti di eventi climatici estremi. Inoltre, la tecnologia meccanica sta lavorando con dinamiche guidate dall'informazione in l'orticoltura consentendo agli allevatori di raccogliere e analizzare enormi quantità di informazioni da sensori, droni e altre fonti per migliorare l'allevamento secondo le prove dei dirigenti e sviluppare ulteriormente i raccolti. Utilizzando i calcoli dell'intelligenza artificiale e l'indagine preveggente, gli allevatori possono acquisire esperienze sul benessere dei raccolti, sulla ricchezza del suolo e sulle condizioni meteorologiche, consentendo loro di giungere a conclusioni informate sulla semina, sui sistemi idrici e sul fastidio dei dirigenti. Inoltre,L'innovazione meccanica avanzata può consentire agli allevatori di eseguire accurate strategie agroalimentari, ad esempio la raccolta esplicita in loco dei dirigenti e l'applicazione a tasso variabile, migliorando l'uso delle risorse e limitando l'impatto ecologico. Inoltre, la tecnologia meccanica sta guidando il progresso nel lavoro innovativo agricolo, dando potere a ricercatori e scienziati promuovere nuovi assortimenti di raccolti, procedure di allevamento e pratiche agronomiche per sviluppare ulteriormente la forza delle colture, la qualità nutritiva e la resa. La meccanica avanzata ha potenziato le fasi di fenotipizzazione, ad esempio, consentendo agli scienziati di selezionare e valutare rapidamente un gran numero di caratteristiche delle piante, aiutando ad accelerare la crescita dei raccolti con una maggiore resistenza alla stagione secca, resistenza alle malattie e sostanze salutari. Inoltre, i sistemi automatizzati per la riproduzione delle piante e le proposte di progettazione ereditaria aprono le porte al controllo preciso e mirato dei genomi delle piante per migliorare le qualità e le caratteristiche desiderate. Inoltre, l'innovazione della meccanica avanzata sta coltivando la cooperazione e lo scambio di dati tra allevatori, specialisti e partner industriali, attraverso iniziative come corsi di meccanica avanzata open source, spazi di produzione e organizzazioni di ricerca cooperative. Condividendo risorse, attitudini e migliori pratiche, i partner possono accelerare lo sviluppo degli eventi e l'accoglienza dell'innovazione meccanica avanzata nel settore agroalimentare e affrontare i normali stimoli e ostacoli all'esecuzione.

Inoltre, gli sforzi per promuovere la costruzione dei limiti e il progresso dell'innovazione nella formazione e nella formazione della meccanica avanzata sono fondamentali per fornire agli allevatori e agli esperti di orticoltura le capacità e le informazioni di cui hanno bisogno per sfruttare le capacità della meccanica avanzata in agricoltura. Tuttavia, allo stesso modo, come con qualsiasi innovazione problematica Inoltre, l'ampia diffusione della meccanica avanzata nell'agroalimentare presenta difficoltà e potenziali pericoli che dovrebbero essere affrontati. Le preoccupazioni sulla protezione e la sicurezza delle informazioni, sulla libertà di innovazione autorizzata e sulla coerenza amministrativa dovrebbero essere attentamente considerate per garantire che gli allevatori e i partner siano tutelati e che l'innovazione meccanica avanzata venga trasmessa in modo affidabile e moralmente. Inoltre, gli sforzi per affrontare la separazione avanzata e garantire un'equa ammissione all'innovazione della tecnologia meccanica per gli allevatori nei paesi emergenti e nelle reti sottovalutate sono fondamentali per promuovere uno sviluppo orticolo globale ed economico. Alla fine, la tecnologia meccanica sta cambiando l'agroindustria offrendo agli allevatori nuovi apparati e progressi sviluppare ulteriormente l'efficienza, la gestibilità e la flessibilità nella creazione degli alimenti. Dalla coltivazione accurata e dalla produzione decisionale basata sulle informazioni all'esplorazione creativa e allo sforzo coordinato, l'unione della tecnologia meccanica all'agrobusiness sta cambiando il modo in cui sviluppiamo, raccogliamo e controlliamo le colture. Mentre continuiamo ad equipaggiare la forza della tecnologia meccanica nel settore agroalimentare,Rimaniamo concentrati sulla promozione di processi di coltivazione completi e sostenibili a vantaggio degli allevatori, dei consumatori e dello stesso clima.

## La coltivazione accurata e la trasformazione rurale

Spingere la differenza modernizzata nell'agroalimentare e nei luoghi comuni: la Commissione europea sull'agroalimentare ha evidenziato il significato di un cambiamento radicale nelle aree di coltivazione e nazionali. Gli attuali sviluppi dell'informazione e della corrispondenza (TIC) svolgono un ruolo fondamentale nel consentire agli agricoltori di lavorare in modo ancora più inequivocabile, competente e finanziario.

Questi progressi collaborano inoltre con creatori e clienti in nuovi modi, offrendo scelte più evidenti e semplici. Tuttavia, i comuni comuni in Europa e in Asia centrale devono affrontare nuovi progressi a causa della fragilità della struttura, della moderazione, della mancata assistenza, delle funzionalità elettroniche e dei problemi di autorità. Per affrontare questo problema, l'Ufficio regionale della FAO per l'Europa e l'Asia centrale ha delineato un'ampia azione a livello locale volta a organizzare la scienza, il miglioramento e gli approcci meccanizzati. Fattori trainanti del cambiamento rurale: il cambiamento naturale ricorda i cambiamenti nelle occupazioni, nell'uso del territorio e nelle associazioni tra i distretti metropolitani e quelli comuni. Gli scopi primari chiave includono i fattori naturali: questi influenzano i cambiamenti diretti e flessibili della famiglia, spingendo le occupazioni rurali e il cambiamento nell'uso del territorio a partire dal 1980 circa. Imprese di lavoro e terra: lo scambio di questi punti di vista guida lo sviluppo delle associazioni dei paesi metropolitani. Inconsistenza delle risorse ed esecuzione finanziaria: i ricercatori hanno percepito un'associazione causale unidirezionale tra l'instabilità delle risorse e l'esecuzione finanziaria. Ciò evidenzia l'importanza di supervisionare le risorse realmente per uno sviluppo utile. Sfide comuni del cambiamento metropolitano: i rapidi processi di cambiamento metropolitano del paese influiscono sui flussi di materia, sui compiti delle risorse e sul funzionamento del quadro naturale. I cambiamenti nella dispersione delle persone lungo il versante metropolitano del paese svolgono un ruolo fondamentale nella definizione di questi movimenti.

# Capitolo 9: Robotica nella risposta ai disastri: miglioramento delle operazioni di sicurezza e salvataggio

Nonostante eventi catastrofici, incidenti e crisi, la tecnologia meccanica è diventata un dispositivo di base per migliorare la sicurezza e la competenza nelle attività di salvataggio e di reazione alle calamità. Dai robot di ricerca e salvataggio e veicoli volanti automatizzati (UAV) ai veicoli telecomandati (ROV) e robot indipendenti, l'innovazione della meccanica avanzata sta riformando il modo in cui gli operatori di emergenza esaminano i danni, trovano i sopravvissuti e trasmettono aiuto nelle regioni colpite dalle calamità. In questa sezione, esamineremo il lavoro della meccanica avanzata in una reazione al fiasco e il suo effetto sul miglioramento delle operazioni di sicurezza e salvataggio. Nella parte anteriore della tecnologia meccanica nelle reazioni alle calamità ci sono robot di ricerca e salvataggio dotati di sensori, telecamere e strutture di corrispondenza che consentire loro di esplorare condizioni pericolose e trovare sopravvissuti intrappolati tra macerie, spazzatura o strutture cadute. Questi robot possono raggiungere spazi delimitati, strutture traballanti e altre aree bloccate o eccessivamente rischiose per gli eroi umani, fornendo una costante consapevolezza della situazione e lavorando sull'abilità e l'adeguatezza delle operazioni di ricerca e salvataggio. Inoltre, veicoli eterei automatizzati (UAV) e i droni vengono utilizzati per monitorare le regioni colpite dal disastro da un luogo più elevato, fornendo simboli di volo, pianificazione 3D e informazioni di immagini calde per aiutare i soccorritori a rilevare i danni, distinguere i pericoli e concentrarsi sulle attività di salvataggio. I droni dotati di telecamere e sensori ad alto obiettivo possono monitorare in modo rapido ed efficiente vaste aree di terra, oceano o condizioni metropolitane, consentendo ai soccorritori di distinguere i sopravvissuti, valutare i danni alle fondamenta e pianificare le rotte di partenza in tempo reale. Inoltre, i veicoli telecomandati (ROV) ) e veicoli sommersi indipendenti (AUV) vengono inviati in situazioni di reazione alle calamità, ad esempio incidenti in mare, maree nere e attività di ricerca e salvataggio in immersione. Questi robot sommersi possono esplorare le condizioni sommerse, esaminare progetti ribassati e raccogliere informazioni e test dal fondo del mare, fornendo importanti esperienze sul grado di danno e sugli effetti ecologici e illuminando la produzione decisionale da parte dei soccorritori e delle agenzie ambientali. Inoltre, l'innovazione della meccanica avanzata è potenziando lo sviluppo di esoscheletri automatizzati e gadget indossabili che migliorano la forza, la perseveranza e la portabilità degli specialisti di guardia in circostanze di sfortuna. Queste strutture meccaniche avanzate indossabili possono aiutare i vigili del fuoco, i paramedici e altri esperti di emergenza a trasportare carichi pesanti, esplorare territori sgradevoli e svolgere compiti impegnativi, riducendo il rischio di lesioni e stanchezza e consentendo ai soccorritori di lavorare ancora di più in ambienti di prova. , la tecnologia meccanica sta lavorando con la corrispondenza e il coordinamento tra i soccorritori e le organizzazioni che utilizzano veicoli terrestri automatizzati (UGV) e robot portatili dotati di capacità di gestione della corrispondenza e dei sistemi.Questi robot possono fungere da centri di corrispondenza portatili, trasferendo messaggi, inviando informazioni e pianificando iniziative di risposta in regioni con basi di corrispondenza limitate o disturbate. Inoltre, i robot forniti di forniture mediche, acqua e altre risorse fondamentali possono portare aiuto in aree remote o difficili da raggiungere, dando aiuto ai sopravvissuti e alleggerendo il peso sui servizi di crisi distrutti. Tuttavia, poiché l'innovazione della tecnologia meccanica continua a spingere, solleva inoltre problemi e difficoltà significativi legati alla morale, alla sicurezza e alla responsabilità nei compiti di reazione alla sfortuna. Le preoccupazioni sull'utilizzo morale della meccanica avanzata, comprese questioni come la protezione delle informazioni, la ricognizione e il potenziale di effetti collaterali invisibili, dovrebbero essere attentamente considerate per garantire che l'innovazione della meccanica avanzata venga inviata abilmente e moralmente in circostanze catastrofiche. Inoltre, gli sforzi per stabilire regole e convenzioni chiare per l'utilizzo della meccanica avanzata nella reazione alle calamità, così come la preparazione e la limitazione del lavoro per i soccorritori in caso di crisi, sono fondamentali per garantire che l'innovazione della meccanica avanzata sia coordinata con successo nelle strutture del consiglio di crisi e si aggiunga a risultati positivi per i sopravvissuti e le reti colpite dai disastri. Alla fine, i meccanismi avanzati stanno alterando le reazioni alla debacle fornendo ai soccorritori nuovi apparati e progressi per migliorare la sicurezza, la competenza e la fattibilità nelle attività di salvataggio. Dai robot di ricerca e salvataggio ai veicoli sommersi e ai gadget indossabili, l'innovazione della meccanica avanzata sta cambiando il modo in cui ci prepariamo e rispondiamo alle calamità, salvando vite umane e alleviando gli effetti delle crisi sulle reti di tutto il pianeta. Mentre continuiamo ad equipaggiare la forza della meccanica avanzata nella reazione alle catastrofi, rimaniamo concentrati sul progresso dell'utilizzo morale e affidabile dell'innovazione e sulla garanzia che l'innovazione della tecnologia meccanica aiuti tutti gli individui, in particolare quelli generalmente impotenti di fronte alle calamità e alle emergenze. Inoltre, come meccanica avanzata l'innovazione continua a svilupparsi, c'è un interesse crescente nello studio delle sue probabili applicazioni per sviluppare ulteriormente la prontezza ai fiaschi e la flessibilità nelle reti deboli. I sistemi basati sulla tecnologia meccanica, ad esempio, i sistemi di preavviso anticipato, le organizzazioni di controllo delle inondazioni e i sistemi di localizzazione delle valanghe offrono porte aperte per il riconoscimento precoce e la reazione ai pericoli normali, consentendo alle reti di fare tutto il possibile per ridurre il rischio e moderare l'effetto delle calamità. . Inoltre, l'innovazione della meccanica avanzata può funzionare con gli sforzi di prontezza e reazione alle debacle locali, fornendo agli occupanti del quartiere le informazioni e gli apparati di cui hanno bisogno per rispondere concretamente alle crisi e salvaguardare se stessi e le loro comunità. Inoltre, la meccanica avanzata sta lavorando con uno sforzo coordinato e una collaborazione globale nella reazione alle catastrofi attraverso iniziative come la Worldwide Mechanical Technology Rivalry for Salvage Robots (RoboCup Salvage) e la DARPA Mechanical Technology Challenge. Queste rivalità uniscono gruppi di specialisti, architetti e soccorritori di crisi di tutto il mondo per creare e testare strutture meccaniche per situazioni di reazione catastrofale come terremoti, violenti incendi e incidenti atomici. Coltivando uno sforzo coordinato e lo scambio di informazioni tra i partner, questi concorsi accelerano la svolta degli eventi e l'organizzazione dell'innovazione della meccanica avanzata nella reazione alle calamità e si aggiungono a risultati ulteriormente sviluppati per i sopravvissuti e le reti colpite dai fiaschi. Inoltre, l'innovazione della meccanica avanzata viene coordinata nelle attività di preparazione e riproduzione della reazione alle calamità per migliorare la prontezza e le capacità dei soccorritori. Le ricostruzioni della realtà generata dal computer (VR) e della realtà espansa (AR) consentono ai soccorritori di provare e affinare le proprie abilità in situazioni di fiasco ragionevoli, lavorando sulla loro capacità di esplorare con successo condizioni complesse, parlare con i colleghi e prendere decisioni in situazioni di tensione. Fornendo incontri di preparazione vividi e intuitivi, la meccanica avanzata ha consentito alle riproduzioni di aiutare i soccorritori a costruire certezza e abilità nelle attività di reazione alle sventure, lavorando finalmente sul loro stato per rispondere alle vere emergenze. Inoltre, l'innovazione della meccanica avanzata sta consentendo il miglioramento di capacità indipendenti e semi-umane. -quadri indipendenti per la reazione alle calamità fattori coordinati e rete di produzione dei dirigenti. Veicoli terrestri automatizzati (UGV) e robot aeronautici dotati di strutture per il trasporto di merci possono spostare forniture fondamentali come cibo, acqua, forniture cliniche e materiali per alloggi sicuri nelle regioni colpite dalle calamità, anche in aree remote o difficili da raggiungere. Questi sistemi di operazioni meccaniche consentono un trasporto rapido ed efficace di aiuto ai sopravvissuti e alle popolazioni sradicate, diminuendo la dipendenza dalle tradizionali catene di approvvigionamento e lavorando sulla praticità e l'adeguatezza degli sforzi di risposta alle calamità. Tuttavia, allo stesso modo, con qualsiasi innovazione problematica, la ricezione illimitata della tecnologia meccanica in caso di fiasco la reazione presenta inoltre difficoltà e potenziali pericoli a cui bisogna prestare attenzione. Le preoccupazioni circa l'interoperabilità, la normalizzazione e la somiglianza tra le varie strutture e fasi meccaniche dovrebbero essere affrontate per garantire una combinazione e un coordinamento coerenti nelle attività di reazione alla debacle multi-organizzazione. Inoltre, gli sforzi per affrontare aspetti morali e legali, come la responsabilità per le attività meccaniche in circostanze di calamità, sono fondamentali per promuovere l'utilizzo capace e morale dell'innovazione meccanica avanzata nella gestione delle crisi.la meccanica avanzata sta cambiando le reazioni alle catastrofi fornendo ai soccorritori nuovi apparati e innovazioni per migliorare la sicurezza, la produttività e l'adeguatezza nelle attività di salvataggio. Dai robot di ricerca e salvataggio alle strutture strategiche e alla preparazione delle rievocazioni, l'innovazione della meccanica avanzata sta cambiando il modo in cui pianifichiamo e rispondiamo alle calamità, salvando vite umane e alleviando l'effetto delle crisi sulle reti di tutto il pianeta. Mentre continuiamo a tenere a freno la forza della meccanica avanzata in una reazione fiasco, rimaniamo concentrati sul progresso dello sforzo congiunto, dello sviluppo e dell'utilizzo capace dell'innovazione per fabbricare reti versatili e fattibili che possano resistere e riprendersi da catastrofi e crisi.

## Distribuzione di robot in situazioni di emergenza

I robot svolgono un ruolo fondamentale nelle situazioni di reazione alle crisi, aiutando gli specialisti di guardia nell'esplorazione di condizioni pericolose e nell'alleviare le opportunità. Ecco alcuni modi in cui i robot vengono trasportati in circostanze di crisi: Attività di ricerca e salvataggio: i robot possono esplorare la spazzatura, progetti instabili e altre regioni rischiose per cercare sopravvissuti a catastrofi come tremori sismici o crolli di edifici. Forniscono filmati aeronautici di base e consapevolezza della situazione, aiutando i soccorritori a valutare rapidamente cosa sta succedendo e fornendo indicazioni. Cura dei materiali non sicuri: i robot possono gestire sostanze pericolose, come materiali sintetici velenosi o materiali radioattivi, diminuendo la scommessa per i soccorritori umani. Possono entrare in regioni dove è rischioso per le persone, limitando le possibilità di lesioni o danni. Rilevamento remoto e assortimento di informazioni: robot eterei e robot terrestri raccolgono informazioni dalle regioni colpite dalla catastrofe, aiutando i soccorritori a perseguire scelte informate. Catturano immagini, registrazioni e informazioni dai sensori, fornendo informazioni significative per mettere in crisi i dirigenti. Corrispondenza e coordinamento: i robot possono creare reti di corrispondenza in regioni con strutture disturbate. Trasferiscono i dati tra i soccorritori, sviluppando ulteriormente il coordinamento durante le crisi. Indagine sulle fondazioni e valutazione dei danni: i robot esaminano lo stato di strutture, campate e diversi progetti dopo le debacle. Distinguono danni primari, fuoriuscite o altri pericoli, consentendo ai soccorritori di concentrarsi sui propri sforzi. Operazioni e supporto: i robot aiutano con fattori coordinati, spedizioni di materiali di consumo, hardware clinico e altri elementi di base nelle regioni colpite. Lasciano liberi i soccorritori umani di concentrarsi sulle attività di base mentre si occupano delle operazioni di routine.

# Capitolo 10: La morale della meccanica avanzata: tendenza alle ramificazioni morali e sociali

*Man mano che le innovazioni della tecnologia meccanica e delle capacità intellettuali create dall'uomo (intelligenza basata sui computer) continuano a progredire rapidamente, le domande sulle loro implicazioni morali sono diventate progressivamente inequivocabili. Dalle preoccupazioni relative allo spostamento del lavoro e alla predisposizione algoritmica alle questioni di sicurezza, responsabilità e indipendenza, gli elementi morali della meccanica avanzata sono sconcertanti e complessi. In questa sezione, esamineremo le difficoltà morali e i problemi presentati dalla tecnologia meccanica e dall'intelligenza artificiale, ed esamineremo i sistemi per affrontarli per promuovere la svolta affidabile e morale degli eventi e l'invio di queste tecnologie. Al centro della discussione morale che comprende la tecnologia meccanica e l'intelligenza basata sui computer sono l'argomento di ciò che questi progressi significheranno per la cultura umana e la prosperità individuale.*

Man mano che la meccanizzazione sostituisce il lavoro umano in diverse imprese, le preoccupazioni relative allo spostamento del lavoro, alla disparità finanziaria e ai disordini sociali sono diventate più articolate. Inoltre, la possibilità che i calcoli di intelligence simulata propaghino o comportino predisposizioni e separazioni esistenti, soprattutto nelle regioni, ad esempio, nel reclutamento, nei prestiti e nelle forze dell'ordine, solleva problemi significativi circa la ragionevolezza, l'equità e il valore nell'utilizzo di strumenti informatici. quadri di intelligence. Inoltre, la crescente integrazione della meccanica avanzata e dell'intelligenza artificiale nella regolare esistenza quotidiana solleva preoccupazioni per la sicurezza, la ricognizione e la disintegrazione dell'indipendenza individuale. Man mano che dispositivi intelligenti e sistemi indipendenti raccolgono e analizzano immense quantità di informazioni individuali, le domande relative al consenso, alla proprietà delle informazioni e alla semplicità algoritmica diventano fondamentali. Inoltre, l'utilizzo di strutture di osservazione basate su computer e alimentate dall'intelligence solleva apertamente preoccupazioni sulle libertà comuni, sulle libertà comuni e sul potenziale uso improprio o abuso di questi progressi da parte delle amministrazioni statali e di altri attori. Inoltre, l'invio di strutture indipendenti come i veicoli a guida autonoma, i droni e le armi meccaniche sollevano importanti questioni morali sulla responsabilità, sugli obblighi e sull'assegnazione di posizioni dinamiche alle macchine. Man mano che strutture indipendenti si basano continuamente su scelte senza intercessione umana, le indagini riguardanti l'organizzazione morale, il rischio e la parte di responsabilità relativa ai risultati delle loro attività diventano progressivamente complesse. Inoltre, la possibilità che strutture indipendenti infliggano danni o effetti collaterali invisibili, attraverso guasti, errori o abusi intenzionali, solleva significative riflessioni morali sul rischio, sulla sicurezza, sul piano morale e sulle linee guida dell'intelligenza artificiale e dei sistemi tecnologici meccanici. Mentre combattiamo con queste difficoltà morali, è fondamentale percepire i probabili vantaggi della meccanica avanzata e dell'intelligenza artificiale nel tendere a superare le difficoltà culturali e a promuovere l'assistenza del governo umano. Dall'ulteriore sviluppo dei risultati dell'assistenza medica e dal miglioramento dell'apertura per le persone con handicap alla cura del cambiamento ambientale e al progresso sostenibile degli eventi, la tecnologia meccanica e l'intelligenza artificiale offrono porte aperte per il progresso e l'avanzamento che può lavorare sulla soddisfazione personale di tutti gli individui. sul pianeta.

Inoltre, gli sforzi per affrontare le componenti morali della meccanica avanzata e dell'intelligenza simulata richiedono uno sforzo e un impegno coordinati da parte di numerosi partner, tra cui politici, analisti, pionieri del settore e associazioni della società comune. Coltivando la libertà di parola, la franchezza e la responsabilità nel corso degli eventi e inviando progressi nella tecnologia meccanica e nell'intelligence basata sui computer, possiamo garantire che questi progressi siano in linea con le qualità umane e avvantaggiano tutti. Inoltre, gli sforzi per promuovere la varietà, l'incorporazione e il valore nel corso degli eventi e l'utilizzo della tecnologia meccanica e dell'intelligenza artificiale sono fondamentali per tendere alla predisposizione e alla separazione e garantire che queste innovazioni vadano a beneficio di tutti gli individui nella società. Le difficoltà morali presentate dalla meccanica avanzata e dall'intelligenza artificiale sono sconcertanti e multistrato, e richiedono un pensiero cauto e una considerazione intelligente da parte di tutti i partner. Dalle preoccupazioni per lo spostamento del lavoro e la predisposizione algoritmica alle richieste di sicurezza, responsabilità e indipendenza, gli elementi morali della meccanica avanzata e dell'intelligenza artificiale sono fondamentali per la loro svolta negli eventi e nell'organizzazione. Affrontando queste difficoltà con rettitudine, franchezza e garantendo le qualità umane, possiamo garantire che la tecnologia meccanica e le innovazioni dell'intelligenza artificiale contribuiscano a un futuro ancora più imparziale e sostenibile per tutti. Strutture per le linee guida e l'amministrazione che garantiscono la svolta capace e morale degli eventi, organizzazione e utilizzo di questi progressi. Gli organi amministrativi e i politici assumono un ruolo essenziale nel definire regole e norme per il piano morale e l'attività della tecnologia meccanica e dei sistemi di intelligenza artificiale, oltre a osservare la coerenza e l'attuazione della responsabilità. Inoltre, la partecipazione e la cooperazione a livello mondiale sono fondamentali per orchestrare linee guida e standard oltre i confini e promuovere principi mondiali per l'utilizzo morale della tecnologia meccanica e dell'intelligenza artificiale. Inoltre, gli sforzi per promuovere la contemplazione morale nella tecnologia meccanica e nell'intelligenza artificiale dovrebbero essere coordinati nei programmi di istruzione e preparazione. per progettisti, ingegneri e diversi

esperti impegnati nella pianificazione e nell'esecuzione di questi progressi. Integrando la formazione morale nei piani educativi STEM e nei programmi di avanzamento degli esperti, possiamo garantire che le persone del futuro tecnologi siano dotate delle informazioni e delle capacità di cui hanno bisogno per esplorare le complessità morali della tecnologia meccanica e dell'intelligenza artificiale e fare scelte informate. che si concentrano sull'assistenza e sul benessere del governo umano.
Inoltre,coltivare la consapevolezza e l'impegno del pubblico nei confronti delle implicazioni morali della tecnologia meccanica e dell'intelligenza artificiale è fondamentale per creare fiducia e promuovere una gestione capace di queste innovazioni. Lo scambio pubblico, l'interesse dei residenti e l'impegno dei partner possono aiutare a portare alla luce le questioni relative ai pericoli e ai vantaggi attesi dalla tecnologia meccanica e dall'intelligenza simulata, oltre a consentire alle persone e alle reti di sostenere l'utilizzo morale e responsabile di queste innovazioni. Inoltre, gli sforzi per promuovere la semplicità e la ricettività nel corso degli eventi e l'uso della tecnologia meccanica e dell'intelligenza artificiale possono aiutare a costruire la fiducia del pubblico in queste tecnologie. Inoltre, l'esplorazione

interdisciplinare e lo sforzo congiunto sono fondamentali per promuovere la comprensione e l'interpretazione della morale. componenti della tecnologia meccanica e dell'intelligenza artificiale e creare procedure per affrontare difficoltà e problemi morali. Unendo specialisti provenienti da diversi campi come il modo di pensare, la morale, la regolamentazione, le scienze sociali e l'ingegneria del software, possiamo incoraggiare il discorso interdisciplinare e lo sforzo coordinato che migliora il modo in cui potremmo interpretare le ramificazioni morali della tecnologia meccanica e dell'intelligenza artificiale e illumina moralmente direzione indipendente e sviluppo strategico. In definitiva, occuparsi delle ramificazioni morali della meccanica avanzata e dell'intelligenza simulata richiede un approccio globale e multilivello che incorpori avanzamento innovativo, supervisione amministrativa, istruzione e preparazione, impegno pubblico ed esplorazione interdisciplinare. Cooperando per affrontare le difficoltà morali e le difficoltà presentate dalla tecnologia meccanica e dall'intelligenza artificiale, possiamo garantire che questi progressi contribuiscano a creare un futuro ancora più giusto e ragionevole per tutti. sono significative ed espansive, affrontando domande di base riguardanti le qualità umane, le libertà e gli obblighi in un mondo innegabilmente robotizzato e interconnesso. Affrontando queste difficoltà con affidabilità, franchezza e con la garanzia dell'assistenza umana da parte del governo, possiamo affrontare la straordinaria capacità della tecnologia meccanica e dell'intelligenza basata sui computer di creare un futuro moralmente solido, socialmente ed economicamente solido per molto tempo. futuro.gli sforzi per promuovere la semplicità e la ricettività nel corso degli eventi e l'uso della tecnologia meccanica e dell'intelligenza artificiale possono aiutare a costruire la fiducia del pubblico in queste tecnologie. Inoltre, l'esplorazione interdisciplinare e lo sforzo congiunto sono fondamentali per promuovere la comprensione e l'interpretazione degli aspetti morali della vita. tecnologia meccanica e intelligenza artificiale e creare procedure per affrontare difficoltà e problemi morali. Unendo specialisti provenienti da diversi campi come il modo di pensare, la morale, la regolamentazione, le scienze sociali e l'ingegneria del software, possiamo incoraggiare il discorso interdisciplinare e lo sforzo coordinato che migliora il modo in cui potremmo interpretare le ramificazioni morali della tecnologia meccanica e dell'intelligenza artificiale e illumina moralmente direzione indipendente e sviluppo strategico. In definitiva, occuparsi delle ramificazioni morali della meccanica avanzata e dell'intelligenza simulata richiede un approccio globale e multilivello che incorpori avanzamento innovativo, supervisione amministrativa, istruzione e preparazione, impegno pubblico ed esplorazione interdisciplinare. Cooperando per affrontare le difficoltà morali e le difficoltà presentate dalla tecnologia meccanica e dall'intelligenza artificiale, possiamo garantire che questi progressi contribuiscano a creare un futuro ancora più giusto e ragionevole per tutti. sono significative ed espansive, affrontando domande di base riguardanti le qualità umane, le libertà e gli obblighi in un mondo innegabilmente robotizzato e interconnesso. Affrontando queste difficoltà con affidabilità, franchezza e con la garanzia dell'assistenza umana da parte del governo, possiamo affrontare la straordinaria capacità della tecnologia meccanica e dell'intelligenza basata sui computer di creare un futuro moralmente solido, socialmente ed economicamente solido per molto tempo. futuro.gli sforzi per promuovere la semplicità e la ricettività nel corso degli eventi e l'uso della tecnologia meccanica e dell'intelligenza artificiale possono aiutare a costruire la fiducia del pubblico in queste tecnologie. Inoltre, l'esplorazione interdisciplinare e lo sforzo congiunto sono fondamentali per promuovere la comprensione e l'interpretazione degli aspetti morali della vita. tecnologia meccanica e intelligenza artificiale e creare procedure per affrontare difficoltà e problemi morali. Unendo specialisti provenienti da diversi campi come il modo di pensare, la morale, la regolamentazione, le scienze sociali e l'ingegneria del software, possiamo incoraggiare il discorso interdisciplinare e lo sforzo coordinato che migliora il modo in cui potremmo interpretare le ramificazioni morali della tecnologia meccanica e dell'intelligenza artificiale e illumina moralmente direzione indipendente e sviluppo strategico. In definitiva, occuparsi delle ramificazioni morali della meccanica avanzata e dell'intelligenza simulata richiede un approccio globale e multilivello che incorpori avanzamento innovativo, supervisione amministrativa, istruzione e preparazione, impegno pubblico ed esplorazione interdisciplinare. Cooperando per affrontare le difficoltà morali e le difficoltà presentate dalla tecnologia meccanica e dall'intelligenza artificiale, possiamo garantire che questi progressi contribuiscano a creare un futuro ancora più giusto e ragionevole per tutti. sono significative ed espansive, affrontando domande di base riguardanti le qualità umane, le libertà e gli obblighi in un mondo innegabilmente robotizzato e interconnesso. Affrontando queste difficoltà con affidabilità, franchezza e con la garanzia dell'assistenza umana da parte del governo, possiamo affrontare la straordinaria capacità della tecnologia meccanica e dell'intelligenza basata sui computer di creare un futuro moralmente solido, socialmente ed economicamente solido per molto tempo. futuro.Cooperando per affrontare le difficoltà morali e le difficoltà presentate dalla tecnologia meccanica e dall'intelligenza artificiale, possiamo garantire che questi progressi contribuiscano a creare un futuro ancora più giusto e ragionevole per tutti. sono significative ed espansive, affrontando domande di base riguardanti le qualità umane, le libertà e gli obblighi in un mondo innegabilmente robotizzato e interconnesso. Affrontando queste difficoltà con affidabilità, franchezza e con la garanzia dell'assistenza umana da parte del governo, possiamo affrontare la straordinaria capacità della tecnologia meccanica e dell'intelligenza basata sui computer di creare un futuro moralmente solido, socialmente ed economicamente solido per molto tempo. futuro.Cooperando per affrontare le difficoltà morali e le difficoltà presentate dalla tecnologia meccanica e dall'intelligenza artificiale, possiamo garantire che questi progressi contribuiscano a creare un futuro ancora più giusto e ragionevole per tutti. sono significative ed espansive, affrontando domande di base riguardanti le qualità umane, le libertà e gli obblighi in un mondo innegabilmente robotizzato e interconnesso. Affrontando queste difficoltà con affidabilità, franchezza e con la garanzia dell'assistenza umana da parte del governo, possiamo affrontare la straordinaria capacità della tecnologia meccanica e dell'intelligenza basata sui computer di creare un futuro moralmente solido, socialmente ed economicamente solido per lungo tempo nella terra. futuro.

## Bilanciare innovazione e responsabilità

Per trovare un equilibrio tra innovazione e responsabilità nella robotica, è necessario prendere in considerazione considerazioni etiche in ogni fase di sviluppo e implementazione. Progettazione etica: quando si progetta un sistema robotico, è necessario tenere conto delle considerazioni etiche. È necessario impiegare sviluppatori dotati di moralità e capaci di incorporare la responsabilità nelle tecnologie robotiche. Controllo contro libertà: man mano che i robot diventano più indipendenti, è essenziale stabilire linee guida chiare e meccanismi di controllo per garantire un processo decisionale etico e prevenire abusi. Privacy e sicurezza dei dati I robot raccolgono molti dati, quindi la privacy e la sicurezza sono importanti. Ciò include la discussione delle implicazioni etiche dei sistemi robotici che gestiscono i dati. Attribuzione delle responsabilità: le procedure per la delega delle responsabilità devono essere seguite da tutte le parti coinvolte nella creazione e nel funzionamento di un robot. Di conseguenza, la coerenza morale e la responsabilità vengono mantenute. La robotica etica promuove comportamenti responsabili e pone l'accento sul benessere dei lavoratori. Ciò include la presa in considerazione delle implicazioni occupazionali delle persone il cui lavoro prevede l'interazione con i robot. Trasparenza ed eliminazione dei pregiudizi: per garantire che le tecnologie robotiche siano eque e non esacerbano la situazione, è necessario adottare misure per ridurre i pregiudizi e la trasparenza nell'applicazione dell'intelligenza artificiale ai robot. L'obiettivo finale è garantire che le tecnologie robotiche siano sviluppate e utilizzate in modo da migliorare la nostra vita, la nostra sicurezza e la società nel suo insieme. Puoi leggere gli articoli su questi argomenti per approfondimenti.

# Capitolo 11: Gli effetti dei robot sull'occupazione sulle dinamiche del lavoro e della forza lavoro

Le discussioni sul futuro del lavoro e sul potenziale impatto sull'occupazione e sulle dinamiche della forza lavoro sono sorte a seguito dell'incorporazione della robotica e dell'automazione in vari settori. La natura dei posti di lavoro e le competenze richieste per avere successo nel mondo del lavoro vengono trasformate dalla tecnologia robotica in settori diversi come quello manifatturiero, logistico, sanitario e dei servizi. Una delle principali preoccupazioni legate all'ascesa della robotica è il potenziale spostamento di posti di lavoro e i cambiamenti nella composizione della forza lavoro. In questo capitolo esamineremo le implicazioni della robotica sull'occupazione, sulle dinamiche della forza lavoro e sulle strategie per orientarsi nel panorama in evoluzione del lavoro nell'era dell'automazione. I lavoratori i cui lavori sono suscettibili all'automazione corrono il rischio di perdere il lavoro poiché le attività di routine e ripetitive vengono sostituite dall'automazione nelle industrie manifatturiere e di assemblaggio. Inoltre, i progressi nella tecnologia della robotica, come la creazione di sistemi basati sull'intelligenza artificiale e di robot autonomi, potrebbero avere un impatto sulle professioni dei colletti bianchi come il lavoro amministrativo, l'immissione di dati e il servizio clienti, oltre ai tradizionali lavori dei colletti blu. D'altro canto, sebbene la tecnologia robotica possa comportare la perdita di alcuni posti di lavoro, apre anche nuove opportunità di occupazione e di espansione economica. Come risultato del loro utilizzo possono emergere nuovi posti di lavoro in campi come lo sviluppo di software, l'analisi dei dati, l'integrazione di sistemi, la manutenzione e riparazione della robotica e l'automazione. Inoltre, vi è una crescente domanda di lavoratori qualificati in grado di progettare, utilizzare e gestire sistemi robotici, nonché di interpretare i dati generati da questi sistemi. Inoltre, la tecnologia della robotica ha il potenziale per aumentare la produttività, l'efficienza e la competitività nelle industrie che implementano l'automazione, il che si tradurrebbe in un aumento complessivo dell'occupazione e dell'espansione economica. La tecnologia robotica può consentire ai lavoratori umani di concentrarsi su compiti di valore più elevato che richiedono creatività, pensiero critico e capacità di risoluzione dei problemi automatizzando attività di routine e ripetitive. Inoltre, la tecnologia robotica sta guidando l'evoluzione delle dinamiche della forza lavoro e rimodellando le competenze necessarie per avere successo nel mercato del lavoro del 21° secolo. I sistemi abilitati ai robot come i robot collaborativi (cobot) possono migliorare le capacità umane e migliorare la sicurezza sul posto di lavoro assistendo i lavoratori con compiti fisicamente impegnativi e riducendo il rischio di lesioni e incidenti. C'è una crescente domanda di investimenti in programmi di istruzione e formazione che forniscano agli individui le capacità e le competenze necessarie per prosperare in un'economia guidata dalla tecnologia mentre cresce la domanda di lavoratori con competenze tecniche in robotica, programmazione e analisi dei dati. Poiché l'automazione altera la natura del lavoro e il modo in cui collaboriamo e interagiamo con macchine e sistemi di intelligenza artificiale, competenze trasversali come adattabilità, comunicazione e lavoro di squadra diventano sempre più importanti.D'altro canto, mentre ci muoviamo nel mutevole panorama del lavoro nell'era dell'automazione, è essenziale affrontare le preoccupazioni relative all'equità, all'accesso e all'inclusione nella forza lavoro. Per garantire che tutti abbiano la possibilità di adattarsi e prosperare nell'economia digitale, gli sforzi per promuovere l'apprendimento permanente e i programmi di riqualificazione sono cruciali, in particolare per i lavoratori che rischiano di perdere il lavoro a causa dell'automazione. Diversità, equità e inclusione nell'istruzione STEM e nello sviluppo della forza lavoro sono essenziali anche per creare una forza lavoro che rifletta la diversità della nostra società e utilizzi la tecnologia robotica al suo pieno potenziale per l'innovazione e la crescita economica. In conclusione, l'integrazione della robotica e dell'automazione nella forza lavoro presenta sia opportunità che sfide per gli individui, le imprese e la società nel suo insieme. Se da un lato la tecnologia robotica ha il potenziale per aumentare la produttività, l'efficienza e la competitività, dall'altro solleva anche preoccupazioni circa lo spostamento dei posti di lavoro, le lacune di competenze e la disuguaglianza nella forza lavoro. Possiamo garantire che la tecnologia robotica contribuisca a un futuro in cui il lavoro sia significativo, inclusivo e sostenibile per tutti, affrontando in modo proattivo queste sfide attraverso investimenti nell'istruzione, nella formazione e nello sviluppo della forza lavoro. Inoltre, gli sforzi per mitigare i potenziali effetti negativi della robotica sull'occupazione richiedono la collaborazione e il coordinamento tra le parti interessate, inclusi politici, imprese, educatori e organizzazioni sindacali. I programmi di formazione della forza lavoro, gli apprendistati e l'assistenza alla transizione lavorativa sono esempi di interventi politici che possono aiutare i lavoratori ad acquisire le competenze di cui hanno bisogno per avere successo in un'economia guidata dalla tecnologia e ad adattarsi alle mutevoli esigenze lavorative. Inoltre, gli sforzi per stimolare la crescita economica e la creazione di posti di lavoro nei settori che integrano la robotica e l'automazione, come i servizi digitali, le energie rinnovabili e la produzione avanzata, possono compensare le perdite di posti di lavoro nelle industrie colpite dall'automazione. Inoltre, per sfruttare le opportunità di business offerte dalla robotica e dall'automazione, è essenziale coltivare una cultura dell'innovazione e dell'imprenditorialità. I governi possono stimolare l'innovazione e aprire nuove strade per la creazione di posti di lavoro e l'espansione economica fornendo incentivi per le startup e le piccole imprese, incoraggiando partenariati tra il mondo accademico e l'industria e sostenendo iniziative di ricerca e sviluppo. Inoltre, poiché la tecnologia robotica continua ad avanzare, vi è una crescente necessità di approcci etici e responsabili all'automazione che diano priorità al benessere umano e al benessere sociale. Inoltre, gli sforzi per promuovere la commercializzazione della ricerca sulla robotica e il trasferimento tecnologico possono aiutare a tradurre le scoperte scientifiche in applicazioni pratiche che apportano benefici alla società e contribuiscono alla prosperità economica. Linee guida etiche per la progettazione e l'implementazione di sistemi robotici, meccanismi di trasparenza e responsabilità per gli algoritmi di intelligenza artificiale e la partecipazione del pubblico ai processi decisionali possono tutti contribuire a garantire che la tecnologia robotica sia sviluppata e utilizzata nel rispetto dei valori umani e a beneficio del pubblico in generale. In conclusione, l'impatto della robotica sull'occupazione e sulle dinamiche della forza lavoro è complesso e sfaccettato, con opportunità e sfide per gli individui, le imprese e la società nel suo insieme. Per costruire un futuro in cui la tecnologia robotica avvantaggi tutti i membri della società, sono essenziali gli sforzi per affrontare le implicazioni sociali ed economiche dell'automazione, come la disuguaglianza dei redditi, la polarizzazione del lavoro e l'accesso ai servizi sanitari e sociali. Possiamo affrontare il panorama in evoluzione del lavoro nell'era dell'automazione e garantire che la tecnologia robotica contribuisca a un futuro in cui il lavoro sia significativo, inclusivo e sostenibile per tutti, abbracciando l'innovazione, investendo nell'istruzione e nella formazione e promuovendo la collaborazione e il dialogo tra le parti interessate. .

## Apportare modifiche al panorama occupazionale in evoluzione

In effetti, una questione cruciale è l'adattamento al mutevole panorama occupazionale, in particolare alla luce della crescita della robotica e dell'automazione. Considera questi punti importanti: Maggiore automazione: contrariamente alla credenza popolare, l'automazione e la robotica stanno alterando la natura del lavoro anziché sostituire necessariamente i lavoratori. Man mano che le aziende diventano più produttive e competitive, una maggiore automazione può comportare un aumento complessivo delle assunzioni. Cambiamenti gestionali: l'introduzione dei robot può ridurre la necessità di manager, in particolare quelli responsabili di dipendenti altamente qualificati. Questo perché i robot possono ridurre l'errore umano e aumentare l'efficienza. Miglioramento delle competenze e riqualificazione: i lavoratori devono essere migliorati e riqualificati per potersi adattare alle nuove tecnologie. Le attività ripetitive o semplici di risoluzione dei problemi sono le più suscettibili all'automazione. Collaborazione tra esseri umani e intelligenza artificiale: la chiave è promuovere una cultura di apprendimento continuo e riconoscere l'importanza delle capacità umane. Sarà essenziale adattarsi a una forza lavoro ibrida in cui l'intelligenza artificiale e gli esseri umani collaborano. Si stanno creando nuovi posti di lavoro, anche se l'automazione potrebbe eliminarne alcuni. Tuttavia, si stanno creando nuovi ruoli che richiedono competenze diverse. In conclusione, l'attenzione dovrebbe concentrarsi sullo sfruttamento della tecnologia per diventare più produttivi e competitivi, garantendo al tempo stesso che i lavoratori siano preparati ai cambiamenti apportati dalla robotica e dall'automazione. È importante garantire che i lavoratori siano dotati delle competenze necessarie per ricoprire questi nuovi ruoli. Si tratta di trovare un equilibrio tra lavoro umano e progressi tecnologici.

# Capitolo 12: Accessibilità e robotica: dare più potere alle persone con disabilità

Il modo in cui le persone con disabilità interagiscono con il loro ambiente è stato trasformato dall'incorporazione della tecnologia robotica in dispositivi di assistenza e soluzioni di accessibilità, migliorando la loro indipendenza, mobilità e qualità della vita. Robot assistivi, sistemi domestici intelligenti, protesi robotiche ed esoscheletri sono solo alcuni esempi di come la tecnologia robotica stia consentendo alle persone con disabilità di superare le barriere fisiche e partecipare pienamente alla società. Le protesi robotiche e gli esoscheletri stanno trasformando la vita delle persone con perdita di arti o problemi di mobilità ripristinando mobilità, destrezza e funzionalità. In questo capitolo esamineremo il ruolo della robotica nell'accessibilità e il suo effetto sull'emancipazione delle persone con disabilità. Gli arti protesici con algoritmi, sensori e attuatori AI possono imitare i movimenti naturali degli arti umani, rendendo più semplice e preciso per gli utenti svolgere un'ampia gamma di attività quotidiane. Inoltre, la tecnologia robotica sta facilitando lo sviluppo di robot assistivi e compagni robotici che supportano e assistono le persone con disabilità in una varietà di aspetti della vita quotidiana. Allo stesso modo, esoscheletri e dispositivi ortotici motorizzati possono assistere le persone con disabilità motorie fornendo supporto e assistenza nel camminare, stare in piedi e salire le scale. Ciò consente agli individui di navigare nel loro ambiente con maggiore indipendenza e sicurezza. I robot sociali dotati di intelligenza artificiale e capacità di elaborazione del linguaggio naturale possono aiutare le persone con disabilità a sentirsi meno sole e isolate aiutandole in aspetti come la comunicazione, l'interazione sociale e il supporto emotivo. Inoltre, la tecnologia robotica sta rivoluzionando l'accessibilità nell'ambiente costruito consentendo lo sviluppo di sistemi domestici intelligenti e dispositivi di controllo ambientale adattati alle esigenze delle persone con disabilità.

Inoltre, robot di servizio dotati di manipolatori e sensori possono assistere in attività quali la cura personale, la preparazione dei pasti e le faccende domestiche, consentendo alle persone con disabilità di vivere in modo più indipendente e autonomo. Le persone con disabilità possono vivere in modo più confortevole e sicuro nelle proprie case grazie a sistemi di casa intelligente dotati di sensori, attuatori e tecnologia di riconoscimento vocale. Questi sistemi possono automatizzare e controllare vari aspetti dell'ambiente domestico, come illuminazione, temperatura e sicurezza. Inoltre, lo sviluppo di sistemi di trasporto accessibili, dispositivi di comunicazione e tecnologie assistive sta facilitando l'accesso delle persone con disabilità all'istruzione, all'occupazione e alla partecipazione sociale. Inoltre, i dispositivi di controllo ambientale come interruttori adattivi, assistenti ad attivazione vocale e sistemi di riconoscimento dei gesti consentono alle persone con disabilità di controllare dispositivi ed elettrodomestici elettronici con maggiore facilità e indipendenza. Le persone con difficoltà motorie possono viaggiare in sicurezza e in autonomia grazie a veicoli autonomi dotati di funzionalità accessibili alle sedie a rotelle e tecnologie di assistenza. Di conseguenza, le barriere all'occupazione, all'istruzione e alla partecipazione della comunità vengono ridotte. Allo stesso modo, i dispositivi per la generazione del parlato, i display Braille e i dispositivi di input alternativi consentono alle persone con disabilità comunicative di esprimersi e interagire con gli altri in modo più efficace, favorendo l'inclusione e la partecipazione nella società. D'altra parte, sebbene la tecnologia robotica abbia il potenziale per trasformare la vita delle persone con disabilità, solleva anche notevoli preoccupazioni riguardo all'accessibilità, alla convenienza e all'usabilità. Per garantire che tutte le persone con disabilità abbiano pari accesso alle tecnologie assistive basate sulla robotica, è necessario affrontare le preoccupazioni relative al costo e alla disponibilità di questi dispositivi, nonché ai requisiti di formazione e supporto per gli utenti e gli operatori sanitari.

In conclusione, la tecnologia robotica sta rivoluzionando l'accessibilità fornendo soluzioni innovative che consentono alle persone con disabilità di superare le barriere fisiche e partecipare più pienamente alla società. Inoltre, gli sforzi per affrontare considerazioni etiche e sociali, come la privacy, l'autonomia e il potenziale di dipendenza dalla tecnologia, sono essenziali per promuovere un uso responsabile ed etico della tecnologia robotica nelle soluzioni di accessibilità. La tecnologia robotica sta migliorando l'indipendenza, la mobilità e la qualità della vita delle persone con disabilità attraverso robot assistivi, esoscheletri, protesi robotiche e sistemi di casa intelligente. Per garantire che la tecnologia robotica avvantaggi tutti i membri della società, indipendentemente dalle abilità o disabilità, manteniamo il nostro impegno nel promuovere la progettazione inclusiva, l'accesso equo e l'uso etico della tecnologia mentre continuiamo a sfruttare il potenziale di accessibilità della robotica. Inoltre, per promuovere l'accessibilità nel campo della robotica, sono essenziali gli sforzi volti a promuovere la collaborazione e la partnership tra le parti interessate, come ricercatori, ingegneri, operatori sanitari, politici e organizzazioni di sensibilizzazione. Possiamo garantire che le tecnologie assistive e le soluzioni di accessibilità soddisfino le diverse esigenze e preferenze delle persone con disabilità accelerando l'innovazione e lo sviluppo promuovendo la collaborazione interdisciplinare e lo scambio di conoscenze. La comprensione e il sostegno del pubblico nei confronti delle tecnologie robotiche dipendono anche dagli sforzi volti ad aumentare l'educazione e la consapevolezza sulla tecnologia robotica e sull'accessibilità. Possiamo incoraggiare l'accettazione e l'adozione delle tecnologie assistive tra le persone con disabilità, gli operatori sanitari e il pubblico in generale promuovendo la consapevolezza dei potenziali vantaggi in termini di accessibilità della robotica e dissipando le idee sbagliate. Inoltre, è essenziale affrontare gli ostacoli normativi e politici allo sviluppo e all'implementazione della tecnologia robotica nell'accessibilità per garantire un accesso e un'adozione equi di queste tecnologie. Inoltre, è essenziale consentire alle persone con disabilità di utilizzare i dispositivi di assistenza basati sulla robotica in modo efficace e indipendente. Interventi politici come incentivi finanziari, politiche di appalto e standard di accessibilità possono incoraggiare gli investimenti nella ricerca e nello sviluppo di dispositivi di assistenza abilitati alla robotica e garantire che queste tecnologie soddisfino le esigenze delle persone con disabilità. In conclusione, la tecnologia robotica ha il potenziale per trasformare la vita delle persone con disabilità fornendo soluzioni innovative che migliorano l'indipendenza, la mobilità e la qualità della vita. Inoltre, gli sforzi per promuovere principi di progettazione universali e standard di accessibilità nello sviluppo della tecnologia robotica sono essenziali per garantire che queste tecnologie siano utilizzabili e accessibili a persone con diverse abilità e disabilità. Dispositivi di assistenza abilitati alla robotica, come robot di assistenza, sistemi di casa intelligente,e le protesi robotiche e gli esoscheletri, stanno consentendo alle persone con disabilità di superare le barriere fisiche e partecipare più pienamente alla società. Per garantire che la tecnologia robotica avvantaggi tutti i membri della società, indipendentemente da abilità o disabilità, manteniamo il nostro impegno nel promuovere la progettazione inclusiva, l'accesso equo e l'uso etico della tecnologia mentre continuiamo a promuovere l'accessibilità della robotica.

## Migliorare l'accessibilità attraverso la robotica assistiva

In effetti, una questione cruciale è l'adattamento al mutevole panorama occupazionale, in particolare alla luce della crescita della robotica e dell'automazione.

Considera questi punti importanti: Maggiore automazione: contrariamente alla credenza popolare, l'automazione e la robotica stanno cambiando la natura del lavoro anziché sostituire i lavoratori. Man mano che le aziende diventano più produttive e competitive, una maggiore automazione può comportare un aumento complessivo delle assunzioni. Cambiamenti gestionali: l'introduzione dei robot può ridurre la necessità di manager, in particolare quelli responsabili di dipendenti altamente qualificati. Questo perché i robot possono ridurre l'errore umano e aumentare l'efficienza. Miglioramento delle competenze e riqualificazione: i lavoratori devono essere migliorati e riqualificati per potersi adattare alle nuove tecnologie. Le attività ripetitive o semplici di risoluzione dei problemi sono le più suscettibili all'automazione.

> Collaborazione uomo-intelligenza artificiale: è essenziale promuovere una cultura di apprendimento continuo e riconoscere l'importanza delle capacità umane. Sarà essenziale adattarsi a una forza lavoro ibrida in cui l'intelligenza artificiale e gli esseri umani collaborano. La creazione di nuovi posti di lavoro: sebbene l'automazione possa eliminare alcuni posti di lavoro, vengono creati nuovi ruoli che richiedono competenze diverse.

È fondamentale assicurarsi che i lavoratori abbiano le competenze necessarie per ricoprire queste nuove posizioni. In poche parole, l'obiettivo primario dovrebbe essere il miglioramento della produttività e della competitività attraverso l'uso della tecnologia, così come la preparazione dei dipendenti ai cambiamenti introdotti dall'automazione e dalla robotica. Si tratta di trovare un equilibrio tra lavoro umano e progressi tecnologici.

# Capitolo 13: Esplorare i limiti della creatività attraverso l'uso dei robot nell'intrattenimento

Il modo in cui sperimentiamo e interagiamo con i media di intrattenimento è stato trasformato dall'introduzione della tecnologia robotica nel settore dell'intrattenimento, annunciando una nuova era di creatività e innovazione. Le attrazioni e le esperienze basate sulla robotica affascinano il pubblico e ampliano i confini della narrazione e dell'intrattenimento coinvolgente in qualsiasi ambito, dai parchi a tema alle esibizioni dal vivo, fino ai film, alla televisione e ai giochi. Una delle manifestazioni più evidenti della robotica nell'intrattenimento si trova nei parchi a tema e nelle attrazioni, dove animatronici e personaggi robotici danno vita a mondi fantastici e creano esperienze coinvolgenti per i visitatori. In questo capitolo esamineremo il ruolo della robotica nell'intrattenimento e il suo impatto nel plasmare il futuro dell'industria dell'intrattenimento. La creazione di ambienti dinamici e coinvolgenti che trasportano gli ospiti in mondi fantastici e stimolano la loro immaginazione è resa possibile dalla tecnologia robotica, che consente ai progettisti di parchi a tema e agli Imagineers di creare dinosauri, creature, robot interattivi e figure animatroniche realistici. Inoltre, i progressi nella tecnologia della robotica, come l'uso di sensori, attuatori e algoritmi di intelligenza artificiale (AI), stanno rendendo possibile che le attrazioni dei parchi a tema diventino più interattive e reattive agli input degli ospiti, il che sta migliorando l'esperienza complessiva. esperienza di intrattenimento. Inoltre, la tecnologia robotica sta rivoluzionando le produzioni teatrali e le performance dal vivo consentendo lo sviluppo di personaggi e artisti robotici dinamici ed espressivi. Con affascinanti esibizioni di movimento, espressione ed emozione, le performance basate sulla robotica spingono i confini di ciò che è possibile nell'intrattenimento dal vivo con marionette, sculture cinetiche, attori robotici e ballerini. Inoltre rendono confuso il confine tra esseri umani e macchine. Inoltre, la tecnologia robotica sta trasformando l'industria cinematografica e televisiva consentendo ai registi e ai creatori di contenuti di dare vita a mondi e personaggi immaginari con realismo e dettagli senza precedenti. Sfruttando le capacità dei robot, la tecnologia robotica consente a artisti e artisti di esplorare nuove forme di espressione e narrazione. La tecnologia robotica consente ai registi di creare mondi coinvolgenti e credibili che affascinano il pubblico e suscitano potenti risposte emotive, da creature animatroniche e oggetti di scena robotici a personaggi ed effetti visivi migliorati con immagini generate al computer (CGI). Inoltre, la tecnologia robotica sta rimodellando il panorama dei giochi consentendo la creazione di esperienze coinvolgenti e interattive che sfumano i confini tra il mondo virtuale e quello fisico. Inoltre, la tecnologia robotica sta rimodellando il panorama dei giochi consentendo lo sviluppo di esperienze coinvolgenti e interattive che sfumano i confini tra il mondo virtuale e quello fisico. Fornendo feedback tattile, sensazioni tattili,e l'interazione fisica con ambienti virtuali, la tecnologia robotica migliora il gameplay e l'immersione, dalle periferiche e accessori di gioco robotici alle esperienze di realtà aumentata (AR) e realtà virtuale (VR). Inoltre, le esperienze di gioco basate sulla robotica offrono ai giocatori l'opportunità di interagire con i giochi in modi nuovi ed entusiasmanti, ad esempio attraverso interfacce controllate dal movimento, riconoscimento dei gesti o comandi vocali. D'altra parte, man mano che la tecnologia robotica progredisce e diventa sempre più radicata nei media di intrattenimento, solleva anche preoccupazioni significative riguardo all'etica, alla sicurezza e al futuro dell'occupazione nel settore dell'intrattenimento. Per garantire che le esperienze abilitate dalla robotica siano inclusive, rispettose e culturalmente sensibili, è necessario considerare attentamente le preoccupazioni etiche riguardanti l'uso della robotica nell'intrattenimento, come il consenso, la privacy e la rappresentazione. In conclusione, la tecnologia robotica sta rivoluzionando l'industria dell'intrattenimento spingendo i confini della creatività e dell'immaginazione e creando nuove opportunità per esperienze coinvolgenti e interattive. Per garantire il funzionamento sicuro delle attrazioni e delle esperienze basate sulla robotica nei luoghi di intrattenimento, sono essenziali gli sforzi per affrontare considerazioni di sicurezza come la valutazione del rischio, i protocolli di emergenza e la formazione degli utenti. Le attrazioni e le esperienze basate sulla robotica stanno affascinando il pubblico e trasformando il modo in cui sperimentiamo e interagiamo con i media di intrattenimento, che vanno dai parchi a tema agli spettacoli dal vivo, film, televisione e videogiochi. È essenziale promuovere la collaborazione e l'innovazione tra ingegneri robotici, professionisti del settore dell'intrattenimento e artisti creativi per guidare lo sviluppo di esperienze di intrattenimento all'avanguardia abilitate alla robotica mentre continuiamo a indagare l'intersezione tra tecnologia e immaginazione nell'intrattenimento. Rimaniamo impegnati a promuovere l'uso etico e responsabile della tecnologia robotica e a garantire che le esperienze basate sulla robotica arricchiscano e ispirino il pubblico di tutto il mondo. Inoltre, la tecnologia robotica sta democratizzando l'accesso alla creazione e al consumo di intrattenimento consentendo agli individui e alle comunità di partecipare alla produzione e alla distribuzione dei contenuti. Possiamo ampliare i confini di ciò che è possibile nell'intrattenimento riunendo competenze provenienti da diversi campi come la robotica, l'ingegneria, l'animazione, la narrazione e il design. La tecnologia nella robotica offre agli appassionati e ai creatori la possibilità di sperimentare la robotica e creare le proprie esperienze e contenuti interattivi attraverso piattaforme online, social media, comunità di produttori e kit di robotica fai-da-te. Inoltre, la tecnologia robotica sta guidando l'innovazione nel marketing e nella promozione dell'intrattenimento consentendo lo sviluppo di esperienze interattive e coinvolgenti che catturano l'attenzione del pubblico e stimolano il coinvolgimento del marchio. Inoltre,Gli strumenti e le piattaforme abilitati alla robotica per la creazione e la distribuzione di contenuti consentono ai creatori di raggiungere un pubblico globale e condividere le loro creazioni con il mondo, democratizzando l'accesso all'intrattenimento e promuovendo la creatività e l'innovazione nell'era digitale. Marchi e inserzionisti possono utilizzare la tecnologia robotica per creare esperienze memorabili e condivisibili che risuonino con i consumatori e coltivano la fedeltà al marchio. Queste esperienze possono includere installazioni immersive, campagne di marketing esperienziale, mascotte robotiche e personaggi. Inoltre, le esperienze di vendita al dettaglio basate sulla robotica, come display interattivi e dimostrazioni di prodotti robotici, migliorano l'esperienza di acquisto e aumentano il coinvolgimento e le vendite dei clienti. D'altro canto, poiché la tecnologia robotica continua a rivoluzionare l'industria dell'intrattenimento, solleva anche notevoli preoccupazioni riguardo alla privacy, alla sicurezza e all'uso etico della tecnologia. Per garantire che i diritti e gli interessi del pubblico siano protetti, le esperienze di intrattenimento basate sulla robotica devono affrontare le preoccupazioni relative alla privacy dei dati, alla sorveglianza e alla raccolta e all'uso delle informazioni personali. In conclusione, la tecnologia robotica sta trasformando l'industria dell'intrattenimento spingendo i confini della creatività e dell'immaginazione e creando nuove opportunità per esperienze coinvolgenti e interattive. Inoltre, gli sforzi per affrontare considerazioni sulla sicurezza, come la valutazione del rischio, la conformità normativa e l'educazione degli utenti, sono essenziali per garantire il funzionamento sicuro delle attrazioni e delle esperienze basate sulla robotica e ridurre al minimo il rischio di incidenti o lesioni. Le attrazioni e le esperienze basate sulla robotica stanno affascinando il pubblico e rimodellando il modo in cui sperimentiamo e interagiamo con i media di intrattenimento. Possono essere trovati ovunque, dai parchi a tema agli spettacoli dal vivo, al cinema, alla televisione, ai giochi e al marketing. Manteniamo il nostro impegno nel promuovere l'uso etico e responsabile della tecnologia e nel garantire che le esperienze basate sulla robotica arricchiscano e ispirino il pubblico di tutto il mondo mentre continuiamo a sfruttare il potere della robotica nell'intrattenimento.Per garantire che i diritti e gli interessi del pubblico siano protetti, le esperienze di intrattenimento basate sulla robotica devono affrontare le preoccupazioni relative alla privacy dei dati, alla sorveglianza e alla raccolta e all'uso delle informazioni personali. In conclusione, la tecnologia robotica sta trasformando l'industria dell'intrattenimento spingendo i confini della creatività e dell'immaginazione e creando nuove opportunità per esperienze coinvolgenti e interattive. Inoltre, gli sforzi per affrontare considerazioni sulla sicurezza, come la valutazione del rischio, la conformità normativa e l'educazione degli utenti, sono essenziali per garantire il funzionamento sicuro delle attrazioni e delle esperienze basate sulla robotica e ridurre al minimo il rischio di incidenti o lesioni. Le attrazioni e le esperienze basate sulla robotica stanno affascinando il pubblico e rimodellando il modo in cui sperimentiamo e interagiamo con i media di intrattenimento. Possono essere trovati ovunque, dai parchi a tema agli spettacoli dal vivo, al cinema, alla televisione, ai giochi e al marketing. Manteniamo il nostro impegno nel promuovere l'uso etico e responsabile della tecnologia e nel garantire che le esperienze basate sulla robotica arricchiscano e ispirino il pubblico di tutto il mondo mentre continuiamo a sfruttare il potere della robotica nell'intrattenimento.Per garantire che i diritti e gli interessi del pubblico siano protetti, le esperienze di intrattenimento basate sulla robotica devono affrontare le preoccupazioni relative alla privacy dei dati, alla sorveglianza e alla raccolta e all'uso delle informazioni personali. In conclusione, la tecnologia robotica sta trasformando l'industria dell'intrattenimento spingendo i confini della creatività e dell'immaginazione e creando nuove opportunità per esperienze coinvolgenti e interattive. Inoltre, gli sforzi per affrontare considerazioni sulla sicurezza, come la valutazione del rischio, la conformità normativa e l'educazione degli utenti, sono essenziali per garantire il funzionamento sicuro delle attrazioni e delle esperienze basate sulla robotica e ridurre al minimo il rischio di incidenti o lesioni. Le attrazioni e le esperienze basate sulla robotica stanno affascinando il pubblico e rimodellando il modo in cui sperimentiamo e interagiamo con i media di intrattenimento. Possono essere trovati ovunque, dai parchi a tema agli spettacoli dal vivo, al cinema, alla televisione, ai giochi e al marketing. Manteniamo il nostro impegno nel promuovere l'uso etico e responsabile della tecnologia e nel garantire che le esperienze basate sulla robotica arricchiscano e ispirino il pubblico di tutto il mondo mentre continuiamo a sfruttare il potere della robotica nell'intrattenimento.

## Dall'animatronica agli artisti interattivi

Uno sviluppo significativo nei settori dell'intrattenimento e della robotica può essere visto nel passaggio dall'animatronica alla robotica interattiva. Un riassunto di questa trasformazione è il seguente: il significato tradizionale di "animatronica" è "l'uso di dispositivi meccanici per animare figure robotiche", che si trovano spesso nei film, nei parchi di divertimento e in altri luoghi di intrattenimento.

Queste figure possono copiare sviluppi simili, tuttavia sono normalmente limitate ad attività pre-personalizzate. Al contrario, Interactive Performer Robotics crea robot in grado di interagire con gli esseri umani e l'ambiente circostante in tempo reale incorporando tecnologie all'avanguardia come sensori, telecamere e intelligenza artificiale. Per questo motivo, la performance può essere più dinamica e adattabile, con il robot in grado di rispondere al pubblico o ai cambiamenti nell'ambiente123. Ad esempio, le figure animatroniche nei parchi a tema forniscono movimenti realistici; tuttavia, l'incorporazione della robotica ha reso queste attrazioni molto più adattabili, consentendo la riprogrammazione e l'aggiornamento dei contenuti al volo. I robot sono attualmente in fase di sviluppo per l'uso in applicazioni sociali, come l'istruzione, l'intrattenimento o la vita assistita, al di fuori del regno dell'intrattenimento. Il nuovo metodo di animazione dei personaggi noto come animazione nella robotica estende il metodo tradizionale consentendo al movimento animato di diventare più interattivo e adattabile durante l'interazione dell'utente nelle impostazioni del mondo reale. Artisti e sviluppatori di robot lavorano insieme per sviluppare caratteristiche espressive, emotive e progettuali per i robot che possano interagire in modo significativo con le persone. Nel complesso, il passaggio verso la robotica interattiva, in cui i robot sono sia artisti che partecipanti all'interazione, indica un movimento verso la creazione di esperienze di intrattenimento più coinvolgenti e coinvolgenti.

# Capitolo 14 Comprendere le complessità delle applicazioni militari attraverso la robotica e la guerra

Il panorama della guerra e della sicurezza contemporanee è stato trasformato dall'incorporazione della tecnologia robotica nelle applicazioni militari. Di conseguenza, sono emerse nuove capacità e difficoltà sia per le forze militari che per i politici. La tecnologia robotica sta cambiando il modo in cui vengono svolte le operazioni militari e sollevando importanti questioni etiche, legali e strategiche.

Questi includono sistemi d'arma autonomi, robot terrestri e droni di sorveglianza. I veicoli aerei senza pilota (UAV), più comunemente chiamati droni, sono diventati sempre più diffusi nelle operazioni militari di ricognizione, sorveglianza e attacchi mirati. In questo capitolo esamineremo le complessità e le implicazioni delle sue applicazioni militari, nonché il ruolo che la robotica svolge nella sicurezza e nella guerra. Mentre i droni di sorveglianza forniscono ai comandanti sul campo informazioni in tempo reale e consapevolezza della situazione, i droni armati con munizioni guidate con precisione consentono alle forze militari di effettuare attacchi chirurgici contro obiettivi nemici con il minor rischio per il personale e danni collaterali. Inoltre, la tecnologia robotica sta rivoluzionando la guerra terrestre attraverso lo sviluppo di veicoli terrestri senza pilota (UGV) e sistemi robotici per la ricognizione, la sorveglianza e il supporto al combattimento. Inoltre, i progressi nell'autonomia e negli algoritmi di intelligenza artificiale stanno consentendo ai droni di operare in modo autonomo e collaborativo in sciami, migliorando la loro efficacia e versatilità in un'ampia gamma di missioni militari. Gli UGV dotati di sensori, telecamere e manipolatori possono attraversare ostacoli, spostarsi su terreni accidentati ed eseguire una serie di attività come lo sminamento, lo sgombero dei percorsi e l'eliminazione degli ordigni esplosivi (EOD). Ciò rende le operazioni militari più sicure ed efficienti. Inoltre, la tecnologia robotica sta guidando l'innovazione nella guerra navale attraverso lo sviluppo di navi di superficie senza equipaggio (USV) e droni sottomarini per la sorveglianza marittima, le contromisure antimine e la guerra antisommergibile. Inoltre, i sistemi robotici come gli esoscheletri robotici e i veicoli da combattimento senza pilota (UCV) consentono ai soldati di migliorare le proprie capacità e superare le limitazioni fisiche sul campo di battaglia, migliorando la mobilità, la resistenza e la letalità in combattimento.

Migliorando le capacità di sicurezza e difesa marittima, gli USV dotati di sensori, sonar e sistemi di comunicazione possono pattugliare autonomamente i confini marittimi, monitorare le rotte marittime e identificare e neutralizzare le minacce sottomarine. Poiché la tecnologia robotica continua ad avanzare e a integrarsi sempre più nelle operazioni militari, solleva anche importanti considerazioni etiche, legali e strategiche che devono essere affrontate con attenzione. Inoltre, i droni sottomarini dotati di telecamere e sensori consentono alle forze navali di condurre operazioni di ricognizione subacquea, ricerca e salvataggio e monitoraggio ambientale in ambienti sottomarini pericolosi o inaccessibili ai veicoli con equipaggio. Per garantire che la guerra basata sulla robotica sia condotta nel rispetto dei diritti umani e dei principi etici, è necessario considerare attentamente le preoccupazioni etiche riguardanti l'uso di sistemi d'arma autonomi. Queste preoccupazioni includono questioni come la responsabilità, la trasparenza e il rispetto del diritto internazionale umanitario (DIU). Insomma,la tecnologia robotica sta rimodellando il panorama della guerra e della sicurezza moderne, introducendo nuove capacità e sfide sia per le forze militari che per i politici. Per promuovere la stabilità e la sicurezza in un ambiente di sicurezza sempre più complesso e contestato, sono essenziali gli sforzi per affrontare le implicazioni strategiche della tecnologia robotica, come la corsa agli armamenti, la proliferazione e le dinamiche di escalation. La tecnologia robotica sta cambiando il modo in cui vengono svolte le operazioni militari e solleva importanti questioni etiche, legali e strategiche in tutto, dai veicoli aerei senza pilota e robot terrestri ai sistemi d'arma autonomi e ai droni sottomarini. Gli sforzi per affrontare le implicazioni etiche, legali e strategiche della robotica nella guerra richiedono la collaborazione e il coordinamento tra leader militari, politici, esperti di etica, esperti legali e organizzazioni della società civile. Manteniamo il nostro impegno nel promuovere l'uso responsabile ed etico della tecnologia e nel garantire che le applicazioni militari basate sulla robotica contribuiscano alla pace, alla sicurezza e alla stabilità nel sistema internazionale mentre continuiamo a navigare nelle complessità della robotica in guerra. Lo sviluppo di norme, linee guida e regolamenti che regolano lo sviluppo, l'implementazione e l'uso delle tecnologie militari abilitate alla robotica, nonché l'osservanza del diritto internazionale e degli standard sui diritti umani richiedono dialogo e cooperazione internazionale. Inoltre, gli sforzi per promuovere l'innovazione responsabile e la gestione del rischio nello sviluppo e nell'impiego di tecnologie militari basate sulla robotica sono essenziali per garantire la sicurezza, l'affidabilità e l'efficacia di questi sistemi. Inoltre, gli sforzi per promuovere la trasparenza, la responsabilità e i meccanismi di supervisione per le operazioni militari basate sulla robotica sono essenziali per creare fiducia tra le parti interessate e ridurre al minimo il rischio di conseguenze indesiderate o di uso improprio di queste tecnologie. Per valutare le prestazioni e l'affidabilità delle tecnologie militari abilitate alla robotica in una varietà di condizioni operative e per identificare e mitigare potenziali rischi e vulnerabilità, sono necessarie solide procedure di test, valutazione e convalida. Inoltre, gli sforzi per promuovere la collaborazione uomo-macchina e il processo decisionale in campo bellico sono essenziali per sfruttare i punti di forza sia degli esseri umani che delle macchine, mitigando al contempo i limiti e i rischi dei sistemi autonomi. Inoltre, gli sforzi per affrontare le minacce e le vulnerabilità della sicurezza informatica nei sistemi militari abilitati alla robotica sono essenziali per proteggere dall'accesso non autorizzato, dalla manomissione o dallo sfruttamento di queste tecnologie da parte di avversari. Affinché i sistemi d'arma autonomi operino secondo i valori umani e i principi etici e prevengano danni o abusi non intenzionali, sono necessari la supervisione umana e meccanismi di controllo. L'integrazione della tecnologia robotica nelle applicazioni militari sta rimodellando il panorama della guerra e della sicurezza moderne, introducendo nuove capacità e sfide sia per le forze militari che per i politici. Inoltre, gli sforzi per promuovere il teaming e la collaborazione uomo-macchina, come i programmi di formazione e istruzione per il personale militare, sono essenziali per migliorare l'efficacia e la resilienza delle forze militari in un ambiente operativo che sta diventando sempre più complesso e dinamico. La tecnologia robotica sta cambiando il modo in cui vengono svolte le operazioni militari e solleva importanti questioni etiche, legali e strategiche in tutto, dai veicoli aerei senza pilota e robot terrestri ai sistemi d'arma autonomi e ai droni sottomarini. Manteniamo il nostro impegno nel promuovere l'uso responsabile ed etico della tecnologia e nel garantire che le applicazioni militari basate sulla robotica contribuiscano alla pace, alla sicurezza e alla stabilità nel sistema internazionale mentre continuiamo a navigare nelle complessità della robotica in guerra.

## Analisi del contributo della robotica alle strategie di difesa

Poiché fornisce una varietà di capacità che migliorano le operazioni militari, la robotica è diventata una componente essenziale delle strategie di difesa contemporanee. Di seguito sono riportati alcuni contributi significativi della robotica alla difesa: Sorveglianza e ricognizione migliorate: la tecnologia alla base della robotica ha reso molto più semplice effettuare sorveglianza e ricognizione. Queste missioni ora utilizzano dati e informazioni in tempo reale raccolti da luoghi lontani o rischiosi. Il combattimento e gli attacchi di precisione sono resi possibili da sistemi senza pilota come i droni, che riducono il rischio per il personale militare. Riducendo al minimo i danni collaterali, possono ingaggiare bersagli con elevata precisione. Gestione della logistica e della catena di fornitura Utilizzando i robot, le operazioni logistiche e della catena di fornitura possono essere semplificate per garantire che le truppe sul campo ricevano effettivamente forniture e attrezzature. Smaltimento di ordigni esplosivi (EOD): i robot vengono spesso utilizzati per attività EOD perché consentono di identificare ed eliminare in sicurezza le minacce esplosive senza mettere a rischio la vita. Soccorso in caso di catastrofe e assistenza umanitaria: i robot possono fornire aiuto e supporto nelle aree colpite dal disastro in cui l'intervento umano potrebbe essere troppo rischioso. Questa può essere una parte importante delle missioni umanitarie. Veicoli autonomi e carri armati senza pilota: lo sviluppo di veicoli autonomi e carri armati senza pilota sta rimodellando il campo di battaglia, fornendo nuove opzioni tattiche e diminuendo la necessità di soldati umani nel combattimento diretto. Questioni etiche e legali: l'ascesa della robotica militare solleva anche diverse questioni etiche e legali. Queste questioni includono la necessità di regole di ingaggio chiare e l'uso di sistemi d'arma autonomi letali. Mentre le nazioni affrontano le complessità di questa tecnologia in rapido progresso, la proliferazione della robotica in campo militare ha implicazioni per le relazioni internazionali e il controllo degli armamenti. I tre elementi obiettivi, mezzi e minacce vengono presi in considerazione nella visione strategica militare della robotica. Sottolinea l'importanza di incorporare la robotica nell'istruzione e nell'addestramento militare2 e la necessità di livelli di pianificazione politica, strategica, operativa e tattica. È possibile fare riferimento ad articoli e rapporti accademici che discutono le implicazioni strategiche della robotica in contesti militari per un'analisi più approfondita. La robotica e i sistemi autonomi (RAS) saranno cruciali per lo sviluppo delle future capacità militari man mano che continuano ad evolversi.

## Capitolo 15: Dalla compagnia alla coesistenza: la direzione dell'interazione uomo-robot nel futuro

Il futuro dell'interazione uomo-robot contiene enormi promesse per trasformare il modo in cui viviamo, lavoriamo e interagiamo con la tecnologia, poiché la tecnologia robotica continua ad avanzare. I robot hanno il potenziale per svolgere ruoli sempre più importanti nella nostra vita quotidiana, dall'essere compagni e badanti alla collaborazione con gli esseri umani in una varietà di campi.

Uno degli aspetti più intriganti del futuro dell'interazione uomo-robot è il potenziale per i robot di fungere da compagni e assistenti per gli esseri umani, in particolare in contesti quali l'assistenza sanitaria, l'assistenza agli anziani e il supporto alla salute mentale. In questo capitolo esamineremo il panorama in evoluzione dell'interazione uomo-robot e il potenziale per esseri umani e robot di coesistere armoniosamente nella società. I robot sociali dotati di elaborazione del linguaggio naturale, riconoscimento emotivo e algoritmi di empatia hanno consentito ai robot di interagire con gli esseri umani in modi più naturali e intuitivi, consentendo loro di fornire compagnia, assistenza e supporto emotivo a chi ne ha bisogno. Inoltre, i robot vengono sempre più incorporati in una varietà di aspetti della vita quotidiana, dall'assistenza personale e l'intrattenimento ai lavori domestici e alle commissioni, che possono aiutare ad affrontare l'isolamento sociale e la solitudine tra le popolazioni vulnerabili come gli anziani e le persone con disabilità. I dispositivi intelligenti e gli assistenti robotici con funzionalità di intelligenza artificiale e automazione possono semplificare le routine quotidiane, gestire attività e programmi e aumentare la produttività e l'efficienza a casa e al lavoro. Inoltre, il futuro dell'interazione uomo-robot promette collaborazione e coesistenza tra uomo e robot in vari settori, tra cui l'industria, l'istruzione e la ricerca. Inoltre, possiamo prevedere una proliferazione di servizi e applicazioni abilitati alla robotica in settori quali vendita al dettaglio, ospitalità, trasporti e servizio clienti, trasformando il modo in cui interagiamo con la tecnologia e accediamo a beni e servizi. Grazie ai sensori e agli algoritmi di intelligenza artificiale

(AI), i robot collaborativi (cobot) possono collaborare con gli esseri umani nella produzione, nella logistica e in altri contesti industriali per aumentare la produttività e la sicurezza sul lavoro. Poiché gli esseri umani e i robot interagiscono e coesistono sempre più nella società, è essenziale affrontare importanti considerazioni relative all'etica, alla privacy e all'impatto sociale. Inoltre, i robot vengono sempre più utilizzati in contesti educativi per supportare l'apprendimento e lo sviluppo delle competenze, fornendo agli studenti di materie STEM e altre discipline esperienze interattive e pratiche. Per garantire che la tecnologia robotica sia sviluppata e utilizzata in modo coerente con i valori umani e i principi etici, è necessario considerare attentamente le preoccupazioni riguardanti l'uso etico dei robot in vari contesti, come l'autonomia, la responsabilità e la trasparenza. In conclusione, il futuro dell'interazione uomo-robot racchiude un enorme potenziale per trasformare il modo in cui viviamo, lavoriamo e interagiamo con la tecnologia. Inoltre, gli sforzi per affrontare le preoccupazioni sulla privacy come la sicurezza dei dati, la sorveglianza e il consenso sono essenziali per proteggere i diritti individuali. I robot hanno il potenziale per svolgere ruoli sempre più importanti nella nostra vita quotidiana, dall'essere compagni e badanti alla collaborazione con gli esseri umani in una varietà di campi. Inoltre, gli sforzi per promuovere l'inclusività e l'accessibilità nell'interazione uomo-robot sono essenziali per garantire che la tecnologia robotica avvantaggi tutti i membri della società, indipendentemente da età, abilità o background. Rimaniamo impegnati a promuovere un uso responsabile ed etico della tecnologia e a garantire che esseri umani e robot possano coesistere armoniosamente nella società mentre continuiamo a esplorare le possibilità di interazione uomo-robot. La promozione di un accesso equo e di una partecipazione alle interazioni uomo-robot richiede la creazione di robot e interfacce comprensibili, facili da usare e accessibili a persone con una varietà di esigenze e preferenze. Inoltre, promuovere una cultura di innovazione responsabile e gestione responsabile nello sviluppo e nell'implementazione della tecnologia robotica è essenziale per affrontare le preoccupazioni sociali e garantire che i benefici dell'interazione uomo-robot superino i rischi e le sfide. Inoltre, gli sforzi per affrontare le disparità nell'accesso alla tecnologia robotica, come l'accessibilità economica, la disponibilità e l'alfabetizzazione digitale, sono essenziali per garantire che tutti gli individui abbiano l'opportunità di beneficiare del potenziale della tecnologia robotica per migliorare la propria vita e il proprio benessere. Per identificare e affrontare le considerazioni etiche, legali e sociali associate all'interazione uomo-robot, le parti interessate, come ricercatori, ingegneri, politici, esperti di etica e organizzazioni della società civile, devono collaborare e comunicare tra loro. Inoltre, è essenziale stabilire quadri di governance e regolamentazione che garantiscano l'uso responsabile ed etico della tecnologia robotica poiché esseri umani e robot interagiscono e collaborano sempre più in vari ambiti. Questo perché gli sforzi per coinvolgere il pubblico nelle discussioni sulle implicazioni della tecnologia robotica e consentire agli individui di partecipare ai processi decisionali sono essenziali per promuovere la trasparenza, la responsabilità e la fiducia nello sviluppo e nell'uso della tecnologia robotica. Lo sviluppo, l'implementazione e l'uso della tecnologia robotica sono regolati da linee guida, standard e politiche che affrontano considerazioni importanti come sicurezza, privacy e responsabilità. Gli organismi di regolamentazione e i policy maker svolgono un ruolo cruciale in questo processo. In conclusione, il futuro dell'interazione uomo-robot ha enormi promesse per trasformare il modo in cui viviamo, lavoriamo e interagiamo con la tecnologia. L'armonizzazione di regolamenti e norme oltre confine e la promozione di standard globali per l'uso etico della tecnologia robotica richiedono cooperazione e collaborazione internazionale. I robot hanno il potenziale per svolgere ruoli sempre più importanti nella nostra vita quotidiana, dall'essere compagni e badanti alla collaborazione con gli esseri umani in una varietà di campi. Rimaniamo impegnati a promuovere l'uso responsabile ed etico della tecnologia e a garantire che esseri umani e robot possano coesistere armoniosamente nella società.arricchendo le nostre vite e portando avanti i nostri obiettivi condivisi di progresso e benessere mentre continuiamo a indagare sulle possibilità di interazione uomo-robot.

## Analisi delle dinamiche relazionali tra persone e robot

*L'interazione uomo-robot (HRI) comprende diversi aspetti affascinanti e complessi delle dinamiche delle relazioni uomo-robot. Comprendere il modo in cui gli esseri umani percepiscono, interagiscono e si relazionano con i robot in vari contesti è al centro di questo campo interdisciplinare. Analizzando queste dinamiche, i ricercatori fanno alcune considerazioni importanti: L'antropomorfismo è l'idea che i robot abbiano caratteristiche umane.*

Il livello di antropomorfismo di un robot può avere un impatto significativo sul modo in cui le persone interagiscono con esso. Il termine "robotica assistiva" (AR) si riferisce a robot realizzati per aiutare gli esseri umani in vari modi, ad esempio con il loro benessere fisico, sociale, mentale ed emotivo. Le dinamiche della relazione possono essere influenzate dalle prestazioni di questi robot nei loro ruoli. Autonomia: il livello di fiducia e dipendenza delle persone nei sistemi robotici può essere influenzato dal livello di autonomia di un robot o dalla sua capacità di operare in modo indipendente. Benchmark: per lo sviluppo dell'HRI, è essenziale stabilire standard per le prestazioni dei robot, la sicurezza e le considerazioni etiche. Incarnazione: poiché i robot sono oggetti del mondo reale, il loro design e la loro forma possono influenzare il modo in cui le persone interagiscono con loro. La misura fisiologica nota come risposta galvanica della pelle (GSR) può essere utilizzata per valutare lo stato emotivo di una persona che interagisce con un robot e fornire informazioni sulle dinamiche della relazione. Interazione uomo-computer (HCI): mentre l'HRI esamina specificamente le dinamiche tra esseri umani e robot fisicamente incarnati1, l'HCI si concentra sull'interazione tra esseri umani e computer. Robotica socialmente assistiva (SAR): questo campo studia i robot che aiutano le persone interagendo con loro socialmente piuttosto che fisicamente. Questo può essere importante per l'assistenza e l'istruzione degli anziani. Il termine "robot socialmente interattivi" (SIR) si riferisce a robot che interagiscono con gli esseri umani attraverso interazioni sociali, come comunicare con loro, esprimere i propri sentimenti e apprendere i loro segnali sociali. L'obiettivo della ricerca è sviluppare modelli di comportamento umano in grado di anticipare e potenziare le interazioni con i robot. Affinché l'HRI abbia successo, questi modelli devono essere accurati e completi per garantire sicurezza, prestazioni e soddisfazione dei dipendenti. Gli studi dimostrano anche che le persone sviluppano legami più forti con i robot che controllano, il che potrebbe avere un impatto sul modo in cui vengono realizzati i robot semi-autonomi e su quanto bene funzionano. In conclusione, per migliorare la progettazione e l'interazione dei sistemi robotici con l'uomo, è necessario un approccio multidisciplinare che tenga conto di fattori psicologici, sociologici e tecnologici per analizzare le dinamiche delle relazioni tra uomo e robot.

# Capitolo 16: Tecnologia meccanica e preservazione ecologica: salvaguardare la natura con soluzioni innovative

Per affrontare urgenti questioni ecologiche e proteggere il mondo naturale per le generazioni future, incorporare la tecnologia robotica negli sforzi di conservazione ambientale è un'opzione promettente. Soluzioni innovative per la gestione ambientale sostenibile sono fornite dalla tecnologia robotica, che comprende la riduzione dell'inquinamento e la prevenzione della distruzione degli habitat, nonché il monitoraggio degli ecosistemi e della fauna selvatica.

Una delle principali applicazioni della tecnologia robotica nella conservazione ambientale è nel monitoraggio e nella gestione degli ecosistemi e degli habitat naturali. In questo capitolo esamineremo il ruolo della robotica nella conservazione ambientale e il potenziale delle soluzioni tecnologiche per contribuire alla preservazione della natura. I paesaggi naturali possono essere rilevati e mappati con l'aiuto di veicoli aerei senza pilota (UAV) dotati di telecamere, sensori e tecnologie di telerilevamento. Possono anche essere utilizzati per monitorare i cambiamenti nella vegetazione e nelle popolazioni della fauna selvatica. Inoltre, i droni sottomarini e i veicoli sottomarini autonomi (AUV) consentono ai ricercatori di esplorare e monitorare gli ecosistemi marini, valutare le barriere coralline e studiare la biodiversità sottomarina in luoghi inaccessibili. Inoltre, la tecnologia robotica sta rimodellando il processo mediante il quale i dati ambientali vengono raccolti e analizzati, consentendo ai ricercatori di raccogliere grandi quantità di dati di alta qualità in un modo più efficace e preciso che mai. Dati in tempo reale sulla salute dell'ecosistema e sulle condizioni ambientali possono essere forniti da stazioni di monitoraggio ambientale autonome dotate di sensori per misurare la qualità dell'aria e dell'acqua, la temperatura, l'umidità e altri parametri ambientali. Ciò consente di rilevare in anticipo l'inquinamento, il degrado degli habitat e altre minacce alla biodiversità. Inoltre, la tecnologia robotica viene utilizzata nella lotta contro l'inquinamento ambientale e la distruzione degli habitat, fornendo soluzioni innovative per ripulire i siti contaminati, mitigare gli effetti delle fuoriuscite di petrolio e ripristinare gli ecosistemi degradati. Inoltre, gli algoritmi di analisi dei dati basati sull'intelligenza artificiale sono in grado di elaborare e analizzare grandi quantità di dati ambientali, identificando modelli, tendenze e anomalie che possono informare le strategie di conservazione e il processo decisionale. È possibile utilizzare sistemi robotici, come droni e veicoli terrestri senza pilota (UGV) con sensori e strumenti di campionamento, per trovare e monitorare fonti di inquinamento, valutare i danni ambientali e raccogliere campioni per l'analisi e la bonifica. Inoltre, gli sforzi di riforestazione e rivegetazione nelle aree colpite da deforestazione, incendi e degrado del territorio sono resi possibili da piattaforme robotiche per il ripristino degli habitat, come sistemi autonomi di dispersione dei semi e droni per la semina. Anche se la tecnologia robotica rappresenta una grande promessa per la conservazione ambientale, solleva anche importanti questioni e sfide riguardanti l'etica, la governance e le conseguenze indesiderate degli interventi tecnologici. Per garantire che le soluzioni tecnologiche rispettino i diritti umani e i valori culturali e contribuiscano a risultati equi e sostenibili, è necessario considerare attentamente le preoccupazioni sull'uso etico della robotica nella conservazione ambientale, comprese le preoccupazioni sulla privacy, sull'autonomia e sui diritti degli indigeni. comunità. Insomma,La tecnologia robotica ha il potenziale per rivoluzionare gli sforzi di conservazione ambientale fornendo soluzioni innovative per il monitoraggio, la gestione e il ripristino degli ecosistemi e degli habitat naturali. Per promuovere l'uso responsabile ed etico della tecnologia robotica nella conservazione ambientale, sono essenziali gli sforzi per affrontare le sfide normative e politiche come la responsabilità e i diritti di proprietà intellettuale. Nuove opportunità per la gestione ambientale sostenibile sono fornite dalle tecnologie di conservazione ambientale abilitate dalla robotica, che spaziano dal rilevamento dei paesaggi e dal monitoraggio della biodiversità alla bonifica dell'inquinamento e al ripristino degli ecosistemi degradati. Inoltre, gli sforzi per promuovere la collaborazione e la partnership tra le parti interessate, inclusi ricercatori, ambientalisti, politici, comunità locali e sviluppatori di tecnologia, sono essenziali per massimizzare l'impatto della tecnologia robotica nella conservazione ambientale. Manteniamo il nostro impegno nel promuovere l'uso responsabile ed etico della tecnologia e nel garantire che le soluzioni tecnologiche contribuiscano alla preservazione della natura e al benessere delle generazioni attuali e future. Possiamo sviluppare e implementare strategie di conservazione basate sulla robotica che siano contestualmente rilevanti, culturalmente sensibili e socialmente inclusive promuovendo la collaborazione interdisciplinare e lo scambio di conoscenze. Inoltre, gli sforzi per promuovere l'innovazione e l'imprenditorialità nello sviluppo e nell'impiego della tecnologia robotica per la conservazione ambientale sono essenziali per sbloccare nuove opportunità e ampliare le iniziative di successo. Inoltre, gli sforzi per coinvolgere e responsabilizzare le comunità locali negli sforzi di conservazione, come le iniziative di citizen science e il monitoraggio partecipativo, sono essenziali per costruire la proprietà della comunità e il sostegno agli obiettivi di conservazione e garantire la sostenibilità a lungo termine degli interventi di conservazione. Incentivi, sovvenzioni e premi per la ricerca robotica e l'innovazione nella conservazione ambientale possono incoraggiare gli investimenti in tecnologie e soluzioni promettenti e stimolare la creatività. Inoltre, gli sforzi per affrontare le sfide del rafforzamento delle capacità e del trasferimento tecnologico nell'adozione e nella diffusione della tecnologia robotica per la conservazione ambientale sono essenziali per garantire che le soluzioni tecnologiche raggiungano coloro che ne hanno più bisogno. Inoltre, le iniziative volte a promuovere la commercializzazione della ricerca robotica e il trasferimento tecnologico possono facilitare la traduzione delle scoperte scientifiche in applicazioni pratiche che apportano benefici alla società e contribuiscono alla sostenibilità ambientale. La capacità di utilizzare la tecnologia robotica in modo efficace nelle attività di conservazione può essere sviluppata attraverso programmi di formazione e istruzione per professionisti della conservazione, tecnici e comunità locali.L'adozione e l'adattamento della tecnologia robotica in vari contesti ambientali e regioni possono anche essere facilitati da iniziative di trasferimento tecnologico come partenariati tra istituti di ricerca, sviluppatori di tecnologia e organizzazioni di conservazione. Inoltre, la consapevolezza e l'impegno del pubblico nella conservazione ambientale resa possibile dalla robotica sono essenziali per ottenere sostegno e slancio per gli obiettivi e le iniziative di conservazione. Campagne di sensibilizzazione e comunicazione che evidenziano il ruolo della tecnologia robotica nelle storie di successo della conservazione, evidenziano soluzioni innovative e migliori pratiche e coinvolgono il grande pubblico in attività legate alla scienza dei cittadini e alla conservazione possono aumentare la consapevolezza delle questioni ambientali e motivare l'azione e la partecipazione. Inoltre, la tecnologia robotica ha il potenziale per rivoluzionare gli sforzi di conservazione ambientale fornendo nuove soluzioni per il monitoraggio, la gestione e il ripristino degli ecosistemi e degli habitat naturali. In conclusione, la tecnologia robotica ha il potenziale per rivoluzionare gli sforzi di conservazione ambientale fornendo soluzioni innovative per il monitoraggio, la gestione e il ripristino degli ecosistemi e degli habitat naturali. Nuove opportunità per la gestione ambientale sostenibile sono fornite dalle tecnologie di conservazione ambientale abilitate dalla robotica, che spaziano dal rilevamento dei paesaggi e dal monitoraggio della biodiversità alla bonifica dell'inquinamento e al ripristino degli ecosistemi degradati. Manteniamo il nostro impegno nel promuovere l'uso responsabile ed etico della tecnologia e nel garantire che le soluzioni tecnologiche contribuiscano alla preservazione della natura e al benessere delle generazioni attuali e future mentre continuiamo a utilizzare la robotica per preservare l'ambiente.che spaziano dal rilevamento dei paesaggi e dal monitoraggio della biodiversità alla bonifica dell'inquinamento e al ripristino degli ecosistemi degradati. Manteniamo il nostro impegno nel promuovere l'uso responsabile ed etico della tecnologia e nel garantire che le soluzioni tecnologiche contribuiscano alla preservazione della natura e al benessere delle generazioni attuali e future mentre continuiamo a utilizzare la robotica per preservare l'ambiente.che spaziano dal rilevamento dei paesaggi e dal monitoraggio della biodiversità alla bonifica dell'inquinamento e al ripristino degli ecosistemi degradati. Manteniamo il nostro impegno nel promuovere l'uso responsabile ed etico della tecnologia e nel garantire che le soluzioni tecnologiche contribuiscano alla preservazione della natura e al benessere delle generazioni attuali e future mentre continuiamo a utilizzare la robotica per preservare l'ambiente.

## Utilizzo di robot per attività di conservazione

Gli sforzi di conservazione stanno incorporando sempre più l'uso di robot per affrontare una varietà di questioni ambientali. Una panoramica di come i robot aiutano gli sforzi di conservazione può essere trovata qui: Monitoraggio delle specie e raccolta dati La raccolta dati su specie e habitat viene trasformata dai robot, in particolare dai droni e dai veicoli sottomarini autonomi (AUV). Sono in grado di navigare su terreni difficili e remoti e di raccogliere dati sulle popolazioni, sulla salute e sul comportamento delle specie senza l'intervento umano, il che è essenziale per i delicati ecosistemi.

Contributo all'impollinazione Gli impollinatori robot sono stati sviluppati in risposta al declino degli impollinatori naturali come le api. Per preservare le popolazioni vegetali e la diversità genetica all'interno degli ecosistemi, questi robot agiscono in modo simile alle api. Tuttavia, la tecnologia è ancora agli inizi e i suoi potenziali effetti sull'ambiente a lungo termine sono ancora in fase di valutazione. Controllo delle specie invasive Inoltre, i robot vengono utilizzati per individuare ed eliminare le specie invasive dagli ecosistemi. Ciò aiuta sia la sopravvivenza delle

# Capitolo 17: Ricostruire le comunità dopo i disastri con innovazioni robotiche nel ripristino di emergenza

La tecnologia robotica sta diventando sempre più importante negli sforzi di ripristino in caso di catastrofi naturali e crisi umanitarie. Offre soluzioni innovative per la risposta rapida, la valutazione dei danni e la ricostruzione resiliente. I robot stanno cambiando il modo in cui le comunità si riprendono e ricostruiscono dopo i disastri, dalla ricerca e salvataggio alla riparazione delle infrastrutture e alla rimozione dei detriti. Una delle applicazioni più importanti della tecnologia robotica nel disaster recovery è nelle operazioni di ricerca e salvataggio, in cui robot dotati di sensori, telecamere e sistemi di comunicazione possono navigare in ambienti pericolosi e localizzare i sopravvissuti intrappolati in edifici crollati, macerie o detriti. In questo capitolo esamineremo il ruolo delle innovazioni robotiche nel ripristino di emergenza, nonché il loro impatto sulla ricostruzione delle comunità e sul ripristino dei mezzi di sussistenza.

Robot di terra e veicoli aerei senza pilota (UAV) con imaging termico, LiDAR e altre tecnologie di rilevamento possono sorvegliare le aree colpite specie autoctone che l'equilibrio ambientale. Ripulire l'ambiente La pulizia delle aree inquinate, come le spiagge e le fuoriuscite di petrolio, è aiutata dai robot, riducendo l'impatto dei disastri ambientali. Robot basati sulla biologia I robot bioispirati sono realizzati per funzionare in ambienti naturali con pochi disagi. Negli sforzi di conservazione, possono svolgere attività come l'esplorazione, la raccolta di dati, l'intervento e la manutenzione. Poiché sono progettati per muoversi e percepire come gli animali, questi robot sono strumenti di conservazione non invasivi e di lunga durata. L'applicazione della robotica alla conservazione rappresenta uno sviluppo promettente nelle scienze ambientali perché fornisce nuove strategie per preservare la biodiversità e migliorare la salute degli ecosistemi. Si prevede che l'uso di questi strumenti robotici negli sforzi di conservazione si espanderà in portata ed efficacia man mano che la tecnologia avanza, trasformando il campo.

dal disastro, individuare segni di vita e fornire informazioni vitali alle squadre di soccorso, rendendo le operazioni di ricerca e salvataggio più efficaci ed efficienti. Inoltre, robot specializzati come robot simili a serpenti e veicoli sottomarini senza pilota (UUV) possono entrare in luoghi ristretti e ambienti sottomarini, il che rende più facile per le squadre di ricerca e soccorso lavorare su terreni difficili. Inoltre, la tecnologia robotica sta rivoluzionando la valutazione dei danni nelle regioni colpite da disastri, consentendo di valutare in modo rapido e accurato i danni alle infrastrutture e i pericoli ambientali. Telecamere ad alta risoluzione e sensori LiDAR possono essere utilizzati nei droni di telerilevamento per cercare edifici, ponti, strade e altre infrastrutture critiche danneggiati. I droni forniscono quindi a ingegneri e progettisti mappe 3D dettagliate e modelli digitali che li aiutano a capire quanto sia resistente la struttura e quali riparazioni dovrebbero essere eseguite per prime. Inoltre, la tecnologia robotica viene utilizzata nelle operazioni di rimozione e pulizia dei detriti a seguito di disastri, offrendo soluzioni efficienti e sicure per rimuovere i detriti, ripristinare l'accesso alle infrastrutture critiche e preparare i siti per la ricostruzione. Inoltre, i sensori e i sistemi di monitoraggio abilitati alla robotica possono rilevare e valutare i rischi ambientali come fuoriuscite di sostanze chimiche, perdite di radiazioni e contaminazione dell'aria e dell'acqua. Ciò consente una risposta tempestiva e misure di mitigazione per proteggere la salute e la sicurezza pubblica. Utilizzando manipolatori e strumenti di demolizione, piattaforme robotiche come veicoli terrestri senza pilota (UGV) e droni possono rimuovere detriti, scavare siti in ambienti pericolosi e instabili e rimuovere macerie, accelerando il processo di pulizia. Inoltre, bulldozer ed escavatori autonomi, sistemi robotici in grado di spostare la terra e preparare un sito, consentono di ricostruire rapidamente strutture e infrastrutture nelle aree colpite dal disastro. Tuttavia, sebbene la tecnologia robotica sia molto promettente per il miglioramento degli sforzi di ripristino in caso di disastro, solleva anche importanti questioni etiche, di sicurezza e di impatto umano. Per garantire che gli interventi basati sulla robotica rispettino la dignità umana e promuovano il benessere umano, è necessario considerare attentamente le preoccupazioni etiche sull'uso dei robot nella risposta ai disastri, come la privacy, il consenso e i diritti delle popolazioni colpite. In conclusione, la tecnologia robotica sta trasformando gli sforzi di ripristino in caso di disastro fornendo soluzioni innovative per la ricerca e il salvataggio, la valutazione dei danni, la rimozione dei detriti e la ricostruzione nelle aree colpite dal disastro. Inoltre, gli sforzi per affrontare considerazioni sulla sicurezza, come la valutazione del rischio, la formazione e i protocolli di collaborazione, sono essenziali per garantire l'implementazione sicura ed efficace della tecnologia robotica nelle operazioni di ripristino di emergenza. I robot aiutano le comunità a riprendersi e a ricostruire dopo i disastri in vari modi, tra cui la riduzione dei rischi, il salvataggio di vite umane e l'accelerazione degli sforzi di recupero e ricostruzione. Manteniamo il nostro impegno nel promuovere l'uso responsabile ed etico della tecnologia e nel garantire che gli interventi basati sulla robotica contribuiscano alla costruzione di comunità resilienti e al ripristino della speranza e della stabilità di fronte alle avversità mentre continuiamo a sfruttare il potere della robotica in ripristino di emergenza. Affinché la tecnologia robotica abbia il maggiore impatto sul disaster recovery, è essenziale compiere sforzi per incoraggiare la collaborazione e il coordinamento tra le varie parti interessate, come agenzie governative, organizzazioni umanitarie, sviluppatori di tecnologia e comunità locali. Le parti interessate possono sviluppare strategie complete ed efficienti di risposta alle catastrofi e di recupero promuovendo partenariati e condivisione delle conoscenze. Ciò consentirà loro di trarre vantaggio dalle competenze e dalle capacità di una varietà di attori. Inoltre, gli sforzi per promuovere l'innovazione e l'imprenditorialità nello sviluppo e nell'impiego della tecnologia robotica per il ripristino in caso di disastro sono essenziali per sbloccare nuove opportunità e ampliare le iniziative di successo. Inoltre, gli sforzi per coinvolgere e responsabilizzare le comunità locali negli sforzi di preparazione e risposta alle catastrofi, come le iniziative di gestione delle catastrofi basate sulla comunità e i programmi di formazione, sono essenziali per costruire la resilienza e promuovere l'autosufficienza di fronte ai disastri. Incentivi, sovvenzioni e premi per la ricerca e l'innovazione nel campo della robotica nella risposta e nel recupero in caso di catastrofi possono incoraggiare gli investimenti in tecnologie e soluzioni promettenti, nonché stimolare la creatività. Inoltre, gli sforzi per affrontare gli ostacoli normativi e politici nell'adozione e nell'implementazione della tecnologia robotica per il ripristino di emergenza sono essenziali per garantire che le soluzioni tecnologiche siano implementate in modo sicuro, etico ed efficace. Inoltre, le iniziative per promuovere il trasferimento tecnologico e lo sviluppo di capacità nelle regioni colpite dal disastro possono aiutare a sviluppare competenze e capacità locali per l'utilizzo della robotica negli sforzi di ripristino in caso di disastro. Le linee guida e i quadri normativi per l'uso della tecnologia robotica nella risposta e nel recupero in caso di catastrofe possono aiutare a mitigare i rischi di conseguenze indesiderate e uso improprio della tecnologia, proteggere i diritti e la dignità delle popolazioni colpite e garantire il rispetto degli standard di sicurezza. Inoltre, gli sforzi per aumentare la consapevolezza e l'impegno del pubblico nel ripristino di emergenza abilitato dalla robotica sono essenziali per stabilire supporto e slancio per gli sforzi di preparazione e risposta alle catastrofi. Inoltre, sono essenziali gli sforzi per promuovere norme globali per l'uso responsabile ed etico della tecnologia robotica nel ripristino di emergenza. È possibile aumentare la consapevolezza sui rischi di catastrofe e incoraggiare misure proattive per mitigarne l'impatto attraverso campagne di sensibilizzazione ed educazione che mettono in risalto il ruolo della tecnologia robotica nella risposta e nel recupero dei disastri.mostrare soluzioni innovative e migliori pratiche e coinvolgere il pubblico in attività di volontariato e di advocacy. In conclusione, la tecnologia robotica ha il potenziale per trasformare gli sforzi di ripristino in caso di disastro fornendo soluzioni innovative per la ricerca e il salvataggio, la valutazione dei danni, la rimozione dei detriti e la ricostruzione nelle aree colpite dal disastro. Inoltre, gli sforzi per promuovere l'alfabetizzazione digitale e la competenza tecnologica tra un pubblico diversificato possono consentire alle persone di utilizzare la tecnologia robotica per la preparazione, la risposta e il recupero in caso di catastrofi nelle loro comunità. I robot aiutano le comunità a riprendersi e ricostruirsi dopo i disastri in vari modi, tra cui riducendo i rischi, salvando vite umane e accelerando gli sforzi di recupero e ricostruzione. Manteniamo il nostro impegno nel promuovere l'uso responsabile ed etico della tecnologia e nel garantire che gli interventi basati sulla robotica contribuiscano alla costruzione di comunità resilienti e al ripristino della speranza e della stabilità di fronte alle avversità mentre continuiamo a sfruttare il potere della robotica in ripristino di emergenza.

## Usare la tecnologia per ricostruire dopo un disastro

Dopo un disastro, gli sforzi di ricostruzione fanno molto affidamento sulla tecnologia. Di seguito sono riportate alcune applicazioni della tecnologia: Dati satellitari: le immagini satellitari possono essere essenziali per determinare l'entità del danno e pianificare la ricostruzione. Ad esempio, i piani di riqualificazione a Sulawesi, in Indonesia, sono stati guidati da dati satellitari in seguito al terremoto e allo tsunami del 2018. Ricostruzione delle infrastrutture: l'idea di "ricostruire meglio" implica l'uso della tecnologia per rafforzare la resistenza delle infrastrutture alle catastrofi future. Per ridurre i danni causati dalle inondazioni, ciò potrebbe comportare la progettazione di strade che assorbano l'acqua.

- Tecnologia di costruzione: le procedure di ricostruzione possono essere eseguite in modo più fluido e in meno tempo utilizzando l'automazione e altre tecnologie di costruzione.

- Coscienza creata dall'uomo (intelligenza simulata): l'intelligenza basata sui computer sta cambiando le reazioni ai fiaschi anticipando e pianificando le catastrofi, potenziando gli sforzi di reazione e lavorando con la forza dell'area locale.

- Tecnologie di resilienza: vengono creati nuovi strumenti per rendere le persone più resilienti ai disastri, come gli strumenti di previsione delle interruzioni dei servizi pubblici e l'uso dei social media per mappare accuratamente i luoghi del disastro. Oltre a fornire assistenza nel periodo immediatamente successivo a un disastro, queste tecnologie aiutano anche nella pianificazione del recupero e della resilienza a lungo termine.

# Capitolo 18: Assistenti personali e robot: ridefinire la vita quotidiana con i compagni di intelligenza artificiale

L'assistenza personale sta cambiando il modo in cui le persone vivono la loro vita quotidiana incorporando la robotica e l'intelligenza artificiale (AI) in modi nuovi che aumentano la produttività, la facilità d'uso e il benessere. Il modo in cui le persone interagiscono con la tecnologia e gestiscono la routine quotidiana viene ridefinito dalla tecnologia robotica, che comprende assistenti virtuali, compagni robotici e operatori sanitari. Una delle principali applicazioni della robotica e dell'intelligenza artificiale nell'assistenza personale è l'automazione domestica intelligente, dove dispositivi e sensori interconnessi consentono il controllo e la gestione senza soluzione di continuità delle attività e dei sistemi domestici. In questo capitolo esamineremo l'evoluzione della robotica e dell'intelligenza artificiale nell'assistenza personale e il loro impatto sulla ridefinizione della vita quotidiana. Gli algoritmi di elaborazione del linguaggio naturale e di intelligenza artificiale (AI) consentono agli assistenti domestici intelligenti di rispondere a comandi vocali, gestire programmi e controllare dispositivi intelligenti come termostati, luci, elettrodomestici e sistemi di sicurezza.

Ciò rende le routine quotidiane più comode ed efficienti. Inoltre, gli assistenti virtuali e le interfacce basate sull'intelligenza artificiale stanno rivoluzionando il modo in cui le persone interagiscono con le informazioni e accedono ai servizi. Gli aspirapolvere robot, i tosaerba e altri apparecchi autonomi automatizzano le faccende domestiche, liberando tempo ed energia per altre attività. I comandi in linguaggio naturale consentono agli utenti di accedere a informazioni e servizi rilevanti, gestire attività e organizzare i propri programmi con l'assistenza di assistenti virtuali come Siri, Alexa e Google Assistant, che forniscono assistenza personalizzata e recupero delle informazioni. Inoltre, la tecnologia robotica viene incorporata nei dispositivi indossabili e nei gadget personali, fornendo assistenza e supporto personalizzati alle persone in una varietà di contesti. Inoltre, chatbot e agenti virtuali basati sull'intelligenza artificiale vengono implementati nel servizio clienti, nella sanità e in altri settori per fornire assistenza e supporto personalizzati agli utenti, migliorando l'accessibilità e l'efficienza nella fornitura dei servizi. Robot indossabili come esoscheletri e protesi intelligenti rendono più semplice e indipendente per le persone con disabilità o con difficoltà motorie svolgere autonomamente le attività quotidiane. Robot e compagni personali con algoritmi di intelligenza artificiale e capacità di interazione sociale forniscono anche compagnia, assistenza e supporto emotivo a chi ne ha bisogno, affrontando la solitudine e l'isolamento sociale tra anziani e disabili. Tuttavia, sebbene la robotica e l'intelligenza artificiale siano molto promettenti per migliorare l'assistenza personale e la qualità della vita, sollevano anche preoccupazioni significative riguardo alla privacy, alla sicurezza e all'uso etico della tecnologia. Per garantire che i diritti e gli interessi delle persone siano salvaguardati, è necessario considerare attentamente le preoccupazioni relative alla privacy dei dati, alla sorveglianza e alla raccolta e all'uso delle informazioni personali da parte dei sistemi basati sull'intelligenza artificiale. In conclusione, la robotica e l'intelligenza artificiale stanno ridefinendo la vita quotidiana con soluzioni innovative per l'assistenza personale che offrono comodità, efficienza e supporto nella gestione delle attività e delle routine quotidiane. Queste soluzioni sono essenziali per promuovere l'uso equo ed etico dell'IA nell'assistenza personale. Inoltre, sono essenziali gli sforzi per affrontare i pregiudizi e i limiti degli algoritmi di intelligenza artificiale, come l'equità, la trasparenza e la responsabilità. Il modo in cui le persone interagiscono con la tecnologia e svolgono la loro vita quotidiana viene trasformato dalla tecnologia robotica, che comprende robot indossabili, assistenti virtuali, domotica intelligente e compagni personali. Gli sforzi per promuovere l'inclusività e l'accessibilità nello sviluppo e nell'impiego della robotica e dell'intelligenza artificiale nell'assistenza personale sono essenziali per garantire che queste tecnologie vadano a beneficio di tutti gli individui, indipendentemente dall'età, dalle capacità o dal background.Rimaniamo impegnati a promuovere un uso responsabile ed etico della tecnologia e a garantire che le soluzioni basate sulla robotica contribuiscano a migliorare il benessere e la qualità della vita di tutti gli individui. L'accessibilità e l'usabilità per le persone con disabilità o con esigenze speciali possono essere migliorate creando interfacce user-friendly, modelli di interazione intuitivi e funzionalità inclusive che soddisfino una varietà di preferenze ed esigenze. Inoltre, è essenziale affrontare le sfide normative e politiche nell'adozione e nell'impiego della robotica e dell'intelligenza artificiale nell'assistenza personale per promuovere un uso responsabile ed etico della tecnologia. Inoltre, è essenziale affrontare le sfide normative e politiche nell'adozione e nella diffusione della robotica e dell'intelligenza artificiale nell'assistenza personale. Per garantire che i diritti e gli interessi delle persone siano salvaguardati, i quadri normativi e le linee guida che regolano lo sviluppo, l'implementazione e l'uso dei sistemi basati sull'intelligenza artificiale devono affrontare considerazioni significative come privacy, sicurezza, trasparenza e responsabilità. Inoltre, gli sforzi per promuovere l'educazione e la consapevolezza sulla robotica e sull'intelligenza artificiale nell'assistenza personale sono essenziali per consentire alle persone di prendere decisioni informate sull'adozione e l'uso della tecnologia. Inoltre, gli sforzi per promuovere la trasparenza e la spiegabilità degli algoritmi di intelligenza artificiale e dei processi decisionali sono essenziali per creare fiducia tra gli utenti e le parti interessate. Programmi di istruzione e formazione che insegnano alle persone come utilizzare i sistemi basati sull'intelligenza artificiale in modo responsabile ed efficace possono aumentare l'alfabetizzazione digitale e dare alle persone la capacità di utilizzare la tecnologia per la crescita personale e professionale. Inoltre, gli sforzi per promuovere la collaborazione interdisciplinare e lo scambio di conoscenze tra le parti interessate, inclusi ricercatori, sviluppatori, politici e utenti finali, sono essenziali per guidare l'innovazione e far avanzare il campo della robotica e dell'intelligenza artificiale nell'assistenza personale. Inoltre, gli sforzi per aumentare la consapevolezza sui potenziali benefici e rischi della robotica e dell'intelligenza artificiale nell'assistenza personale, nonché sulle migliori pratiche per un uso etico e responsabile, possono favorire un processo decisionale informato e promuovere risultati positivi per gli individui e la società. In conclusione, la robotica e l'intelligenza artificiale stanno rimodellando la vita quotidiana con soluzioni innovative di assistenza personale che offrono praticità, efficienza e supporto nella gestione delle attività e delle routine quotidiane. Le parti interessate possono sfruttare diverse prospettive e competenze per affrontare sfide complesse e sviluppare soluzioni innovative che soddisfino le esigenze e le preferenze degli individui in contesti e ambienti diversi, promuovendo partenariati e collaborazioni tra settori e discipline. Il modo in cui le persone interagiscono con la tecnologia e svolgono la loro vita quotidiana viene trasformato dalla tecnologia robotica, che comprende robot indossabili, assistenti virtuali, domotica intelligente e compagni personali. Manteniamo il nostro impegno nel promuovere l'uso responsabile ed etico della tecnologia e nel garantire che le soluzioni basate sulla robotica contribuiscano a migliorare il benessere e la qualità della vita di tutti gli individui mentre continuiamo a sfruttare il potere dell'intelligenza artificiale e della robotica nell'assistenza personale.

## Dalla cura personale all'automazione della casa

Un settore in crescita che mira ad assistere le persone, in particolare gli anziani, nella loro vita quotidiana è quello della cura personale attraverso la domotica e la robotica. Di seguito è riportato un riepilogo di come la cura personale e l'automazione domestica vengono trasformate dalla robotica: Assistenza agli anziani: vengono realizzati robot per aiutare gli anziani a vivere comodamente nelle loro case. Possono assistere nelle attività quotidiane come mangiare, lavarsi, vestirsi e spostarsi da un luogo all'altro. Sistemi specializzati: molti di questi sistemi non sono robot umanoidi ma piuttosto macchine specializzate realizzate per fare cose specifiche, come gli aspirapolvere robotici. Possono essere implementati in modo incrementale e sono più semplici da progettare e implementare.

Assistenza fisica: alcuni robot sono realizzati per aiutare le persone a salire e scendere da sedie, letti e altri mobili, seguire ricette, piegare asciugamani e somministrare medicine. Di conseguenza, l'indipendenza viene preservata e la necessità di costante assistenza umana viene ridotta. Coinvolgimento sociale ed emotivo: i robot fungono anche da compagni sociali per gli anziani, coinvolgendoli socialmente ed emotivamente per aiutarli a gestire il loro declino cognitivo e rallentarlo. Possono fornire terapia e compagnia a persone sole o che soffrono di condizioni legate alla demenza2. Automazione nell'assistenza domiciliare L'automazione dei processi robotizzati (RPA) utilizza l'intelligenza artificiale e l'apprendimento automatico per automatizzare le attività ripetitive di assistenza domiciliare, il che può essere vantaggioso sia per i pazienti che per gli operatori sanitari.

> **Sviluppi futuri:** Con i progressi nei veicoli autonomi e in altre tecnologie che integreranno ulteriormente la robotica nell'assistenza personale e nell'assistenza domiciliare, il campo è in rapida evoluzione. Integrare la robotica nell'assistenza domiciliare non è solo una questione di comodità; si tratta anche di

migliorare la qualità della vita di coloro che necessitano di assistenza e di consentire loro di vivere con maggiore dignità e indipendenza.

➢

## Capitolo 19: Ricerca e sviluppo nella robotica: ostacoli e opportunità

La ricerca e lo sviluppo della robotica sono all'avanguardia nell'innovazione tecnologica e hanno un enorme potenziale per risolvere problemi difficili e ampliare le conoscenze e le capacità umane. Tuttavia, la robotica presenta sfide uniche che devono essere superate per realizzare il suo pieno potenziale, oltre alle opportunità di progresso.

Una delle sfide principali nella ricerca e nello sviluppo della robotica è ottenere robustezza e affidabilità nei sistemi robotici, in particolare in ambienti dinamici e imprevedibili. In questo capitolo esamineremo le principali sfide e opportunità nella ricerca e nello sviluppo della robotica, nonché le strategie per percorrere il percorso verso l'innovazione e il progresso. È essenziale garantire che i robot possano operare in modo sicuro ed efficace in una varietà di condizioni mutevoli poiché vengono sempre più utilizzati in applicazioni del mondo reale come la produzione, l'assistenza sanitaria e la risposta alle catastrofi. Per migliorare la robustezza e l'adattabilità dei sistemi robotici, sono necessarie soluzioni innovative in aree come la percezione, il controllo e la pianificazione per affrontare questioni come l'incertezza dei sensori, la variabilità ambientale e la complessità del sistema. Inoltre, la scalabilità e l'interoperabilità pongono notevoli difficoltà nella ricerca e nello sviluppo della robotica, in particolare poiché la tecnologia robotica diventa sempre più integrata in sistemi e reti complessi. La promozione della scalabilità e dell'adattabilità nelle applicazioni di robotica richiede la creazione di interfacce e componenti modulari e standardizzati che consentano ai sistemi robotici di integrarsi perfettamente con le infrastrutture e le tecnologie esistenti e di interagire tra loro. Per migliorare il coordinamento e la cooperazione tra agenti eterogenei, è essenziale affrontare i problemi di interoperabilità nei sistemi multi-robot e nella collaborazione uomo-robot. Inoltre, affrontare le implicazioni etiche, legali e sociali rappresenta un ostacolo significativo nella ricerca e nello sviluppo della robotica, in particolare poiché i robot diventano sempre più autonomi e pervasivi nella società. Per garantire che la tecnologia robotica sia sviluppata e utilizzata in modo etico, responsabile e vantaggioso per la società, è necessario considerare attentamente le preoccupazioni relative alla sicurezza, alla privacy, alla responsabilità e all'impatto della robotica sull'occupazione e sulle dinamiche sociali. Inoltre, promuovere la collaborazione interdisciplinare e la diversità nella ricerca e nello sviluppo della robotica è essenziale per guidare l'innovazione e affrontare sfide complesse da molteplici prospettive. Inoltre, gli sforzi per promuovere la trasparenza, la responsabilità e l'impegno pubblico nella ricerca e nello sviluppo della robotica sono essenziali per creare fiducia tra le parti interessate e garantire che i benefici della tecnologia robotica siano equamente distribuiti. È possibile promuovere la creatività, l'impollinazione incrociata di idee e approcci olistici per affrontare le sfide sociali con la tecnologia robotica riunendo ricercatori, ingegneri, politici, esperti di etica, scienziati sociali e altre parti interessate provenienti da una varietà di background e discipline. In conclusione, la ricerca e lo sviluppo della robotica offrono enormi opportunità per affrontare sfide complesse e far progredire le conoscenze e le capacità umane. Inoltre,Gli sforzi per promuovere la diversità e l'inclusione nella comunità della robotica, comprese le iniziative a sostegno dei gruppi sottorappresentati e a promuovere ambienti di ricerca inclusivi, sono essenziali per garantire che la ricerca e lo sviluppo della robotica riflettano le diverse prospettive ed esperienze della società. Tuttavia, prima che la robotica possa raggiungere il suo pieno potenziale, è necessario affrontare importanti ostacoli come la robustezza, la scalabilità, l'etica e la diversità. Possiamo percorrere il percorso verso l'innovazione e il progresso nella ricerca e nello sviluppo della robotica e sbloccare tutto il potenziale della robotica a beneficio della società abbracciando la collaborazione interdisciplinare, favorendo l'innovazione e promuovendo l'uso responsabile ed etico della tecnologia. Gli sforzi per promuovere l'istruzione e la formazione nella ricerca e nello sviluppo della robotica sono essenziali per coltivare la prossima generazione di ricercatori e professionisti della robotica. Possiamo incoraggiare gli studenti a intraprendere una carriera nel campo della robotica e a contribuire ai progressi sul campo investendo in programmi educativi STEM (scienza, tecnologia, ingegneria e matematica), gare di robotica e opportunità di apprendimento pratico. Inoltre, promuovere la collaborazione e la condivisione delle conoscenze tra il mondo accademico, l'industria e il governo è essenziale per guidare l'innovazione e tradurre le scoperte della ricerca in applicazioni pratiche. Inoltre, gli sforzi volti a promuovere opportunità di apprendimento permanente e di sviluppo professionale per i professionisti della robotica possono garantire che rimangano al passo con gli sviluppi più recenti e le tendenze emergenti nella ricerca e nella tecnologia della robotica. Le parti interessate possono utilizzare competenze, risorse e infrastrutture complementari per accelerare l'innovazione e affrontare le complesse sfide di ricerca e sviluppo della robotica formando partenariati e quadri di collaborazione. Inoltre, gli sforzi per promuovere la scienza aperta e lo sviluppo open source nella ricerca e nello sviluppo della robotica sono essenziali per promuovere la condivisione delle conoscenze e accelerare il progresso nel settore. Inoltre, gli sforzi per promuovere il trasferimento tecnologico e la commercializzazione della ricerca robotica possono facilitare la traduzione delle scoperte scientifiche in prodotti e servizi commerciabili che apportano benefici alla società e stimolano la crescita economica. I ricercatori possono affrontare in modo efficace le principali sfide nella ricerca e nello sviluppo della robotica adottando standard aperti, condividendo dati, codice e risorse e incoraggiando la collaborazione oltre i confini istituzionali e disciplinari. Inoltre, affrontare i vincoli di finanziamento e risorse rappresenta una sfida significativa nella ricerca e nello sviluppo della robotica, in particolare per i progetti in fase iniziale e ad alto rischio. Inoltre, gli sforzi per promuovere la trasparenza e la riproducibilità nella ricerca sulla robotica possono migliorare la credibilità e l'affidabilità dei risultati della ricerca e rendere più semplice per la più ampia comunità di ricerca replicare e convalidare i risultati.Le parti interessate possono sostenere un portafoglio diversificato di iniziative di ricerca sulla robotica e promuovere l'innovazione sia nella scienza fondamentale che nelle applicazioni pratiche investendo nella ricerca di base, nella ricerca applicata e nello sviluppo tecnologico attraverso l'intero processo di innovazione. In conclusione, la ricerca e lo sviluppo della robotica offrono enormi opportunità per affrontare sfide complesse e far progredire le conoscenze e le capacità umane. Inoltre, gli sforzi per promuovere partenariati pubblico-privato, investimenti in capitale di rischio e iniziative di crowdfunding possono sfruttare ulteriori risorse e competenze per sostenere gli sforzi di ricerca e sviluppo sulla robotica. Possiamo percorrere il percorso verso l'innovazione e il progresso nella ricerca e nello sviluppo della robotica affrontando sfide chiave come robustezza, scalabilità, etica e diversità e abbracciando la collaborazione interdisciplinare, l'innovazione e l'uso responsabile della tecnologia. Se lavoriamo insieme, possiamo sbloccare il pieno potenziale della robotica a beneficio della società e affrontare le principali sfide che l'umanità deve affrontare nel 21° secolo.

## Navigare nella frontiera dell'innovazione della robotica

Un entusiasmante viaggio in un campo che combina creatività, ingegneria e risoluzione dei problemi per creare macchine intelligenti in grado di svolgere una varietà di compiti sta esplorando la frontiera dell'innovazione della robotica. Man mano che queste macchine diventano sempre più integrate nella nostra vita quotidiana, la robotica va ben oltre la semplice automazione; implica anche collaborazione, adattabilità e considerazioni etiche. Di seguito sono riportate alcune innovazioni significative nel campo della robotica: Una panoramica del passato: il campo della robotica è progredito dai primi automi alle sofisticate macchine di oggi, con traguardi significativi come lo sviluppo dell'intelligenza artificiale e dei primi robot industriali. Fatti contro realtà: nel film indiano "2.0", il personaggio di Chitti esemplifica gli obiettivi della robotica e il modo in cui tali rappresentazioni ispirano il progresso nel mondo reale. Applicazioni nell'industria: la robotica migliora l'efficienza, la precisione e la sicurezza in compiti precedentemente difficili o rischiosi, trasformando le industrie. Intelligenza artificiale e robotica: la combinazione di robotica e intelligenza artificiale sta aprendo nuovi ambiti di apprendimento e adattabilità e ampliando i confini dell'autonomia e del processo decisionale. Robotica fai-da-te: esiste una fiorente comunità di robotica fai-da-te e i kit di robotica incoraggiano una cultura della creatività e dell'educazione tra gli appassionati.

*Sfide ed etica: l'importanza dello sviluppo responsabile è sottolineata dalle difficoltà che un rapido sviluppo comporta, come lo spostamento di posti di lavoro e le preoccupazioni sulla privacy. Tendenze emergenti: il futuro dinamico che ci aspetta in questo campo include tendenze emergenti come la robotica morbida e la robotica degli sciami. Il campo della robotica è pronto per un'espansione e una trasformazione senza precedenti mentre entriamo in una nuova era, espandendoci nelle nostre case, negli ospedali e persino nello spazio. È un campo che, con questi devoti compagni meccanici, sembra destinato a dare forma al nostro futuro. Accetta il viaggio verso l'innovazione, dove esseri umani e macchine coesistono, e supera i limiti di ciò che una volta si pensava fosse impossibile.*

## Capitolo 20: Il futuro della robotica: prevedere le tendenze e progettare il mondo di domani

Il futuro della robotica è molto promettente per dare forma al mondo di domani mentre ci avviciniamo a una nuova era caratterizzata dal progresso tecnologico e dall'innovazione. Per indirizzare il processo decisionale strategico e prepararsi alle opportunità e alle sfide che ci attendono, è essenziale anticipare le tendenze emergenti e comprendere il potenziale impatto della robotica sulla società, sull'economia e sulla cultura.

La convergenza della robotica con altre tecnologie emergenti, come l'intelligenza artificiale, l'apprendimento automatico e l'Internet delle cose (IoT), è una delle tendenze chiave che plasmano il futuro della robotica. In questo capitolo finale esploreremo il futuro della robotica e immagineremo l'evoluzione della tecnologia e il suo impatto trasformativo sulle nostre vite e sul mondo che ci circonda. Possiamo anticipare una nuova generazione di robot intelligenti e autonomi in grado di apprendere, adattarsi e collaborare in ambienti complessi e dinamici man mano che la tecnologia robotica diventa sempre più integrata con algoritmi di intelligenza artificiale, analisi dei dati e sensori e dispositivi connessi. Sanità, trasporti, produzione e intrattenimento sono solo alcuni dei settori che trarranno vantaggio da questa convergenza di tecnologie, che rimodellerà anche il modo in cui viviamo, lavoriamo e interagiamo con la tecnologia. Inoltre, la democratizzazione e la decentralizzazione della tecnologia robotica, che consentiranno a una gamma più ampia di persone di partecipare alla ricerca e allo sviluppo della robotica, definiscono il futuro della robotica. Software e hardware open source, produzione distribuita e piattaforme per l'innovazione collaborativa stanno democratizzando l'accesso alla tecnologia robotica e offrendo agli individui e alle comunità la capacità di progettare, costruire e implementare i propri sistemi robotici per un'ampia gamma di usi. L'ascesa di robot socialmente ed emotivamente intelligenti, in grado di interagire con gli esseri umani in modo significativo ed empatico, darà forma anche al futuro della robotica. Questa democratizzazione della tecnologia robotica stimolerà l'innovazione, l'imprenditorialità e la creatività dal basso. Affronterà inoltre le diverse esigenze e preferenze della società. C'è una crescente domanda di robot in grado di comprendere e rispondere alle emozioni, alle intenzioni e ai segnali sociali umani man mano che i robot diventano sempre più integrati in vari aspetti della vita quotidiana, come la compagnia, l'istruzione, l'assistenza e l'intrattenimento.

L'informatica affettiva, la robotica sociale e l'interazione uomo-robot hanno reso possibile ai robot di percepire e interpretare le emozioni umane, dimostrare empatia e compassione e adattare il proprio comportamento ai contesti sociali. Di conseguenza, le interazioni tra esseri umani e robot stanno diventando sempre più approfondite e significative. Inoltre, poiché i robot diventano sempre più autonomi e radicati nella società, il futuro della robotica è caratterizzato dalla crescente importanza dell'uso etico e responsabile della tecnologia. Per garantire che la tecnologia robotica sia sviluppata e utilizzata in modi etici, equi e vantaggiosi per la società, è necessario considerare attentamente le preoccupazioni relative alla sicurezza, alla privacy, alla trasparenza, alla responsabilità e all'impatto della robotica sull'occupazione e sulle dinamiche sociali. In conclusione, il futuro della robotica racchiude un'immensa promessa per plasmare il mondo di domani e promuovere il progresso e il benessere umano. Inoltre, gli sforzi per promuovere la diversità, l'inclusione,e la giustizia sociale nella ricerca e nello sviluppo della robotica sono essenziali per garantire che la tecnologia robotica rifletta le diverse prospettive ed esperienze della società e risponda ai bisogni e alle preferenze di tutti gli individui. Possiamo sfruttare il potere di trasformazione della robotica per affrontare le grandi sfide, promuovere l'innovazione e creare un futuro più equo e sostenibile per tutti, anticipando le tendenze emergenti, comprendendo il potenziale impatto della robotica sulla società e guidando il processo decisionale strategico. Intraprendiamo insieme questo viaggio nella robotica del futuro, dando forma a un mondo in cui robot e esseri umani coesistono armoniosamente, arricchendo le nostre vite e portando avanti i nostri obiettivi condivisi di progresso e prosperità. Saranno necessari sforzi per promuovere la collaborazione interdisciplinare e lo scambio di conoscenze per guidare l'innovazione e affrontare le complesse sfide della robotica in futuro. Le parti interessate possono sviluppare soluzioni olistiche alle sfide sociali e promuovere l'uso responsabile ed etico della tecnologia robotica promuovendo partenariati e collaborazioni tra discipline come ingegneria, informatica, neuroscienze, psicologia, sociologia ed etica. Inoltre, gli sforzi per promuovere l'educazione alla robotica e lo sviluppo della forza lavoro saranno cruciali per preparare la prossima generazione di ricercatori, ingegneri e professionisti della robotica. Inoltre, gli sforzi per coinvolgere e responsabilizzare diverse parti interessate, come politici, leader del settore, accademici e organizzazioni della società civile, nel dialogo e nei processi decisionali sono essenziali per garantire che i benefici della tecnologia robotica siano equamente distribuiti e che i rischi e le opportunità le sfide sono gestite in modo efficace. Le parti interessate possono incoraggiare gli studenti a intraprendere una carriera nel campo della robotica e contribuire ai progressi sul campo investendo in programmi di istruzione STEM, gare di robotica ed esperienze di apprendimento pratico. Inoltre, gli sforzi per affrontare le sfide normative e politiche nel futuro della robotica saranno essenziali per promuovere un uso responsabile ed etico della tecnologia e garantire che la tecnologia robotica avvantaggi la società nel suo complesso. Inoltre, gli sforzi volti a promuovere l'apprendimento permanente e le opportunità di sviluppo professionale per i professionisti della robotica possono garantire che rimangano al passo con gli sviluppi più recenti e le tendenze emergenti nella ricerca e nella tecnologia della robotica. Per garantire che la tecnologia robotica sia sviluppata e utilizzata in modi morali, equi e vantaggiosi per la società, i quadri normativi e le linee guida che regolano lo sviluppo, l'implementazione e l'uso della tecnologia robotica devono affrontare aspetti significativi come la sicurezza, la privacy, la trasparenza , responsabilità e impatto sociale. Inoltre,gli sforzi per promuovere la partecipazione globale e gli sforzi coordinati sull'amministrazione della tecnologia meccanica e sulla definizione delle linee guida possono aiutare a fondere le linee guida e a far avanzare gli standard mondiali per l'utilizzo consapevole e morale della tecnologia meccanica. Alla fine, il destino della tecnologia meccanica comporta un impegno colossale nel modellare il scenario imminente e promuovere il progresso e la prosperità umana. Possiamo sfruttare il potere di trasformazione della robotica per affrontare le grandi sfide, promuovere l'innovazione e creare un futuro più equo e sostenibile per tutti, anticipando le tendenze emergenti, comprendendo il potenziale impatto della robotica sulla società e guidando il processo decisionale strategico. Intraprendiamo insieme questo viaggio nella robotica del futuro, dando forma a un mondo in cui robot e esseri umani coesistono armoniosamente, arricchendo le nostre vite e portando avanti i nostri obiettivi comuni di progresso e prosperità. Saranno necessari sforzi per aumentare la consapevolezza e l'impegno del pubblico nella robotica del futuro per generare sostegno e slancio per le iniziative di ricerca e sviluppo sulla robotica. È possibile sensibilizzare l'opinione pubblica sull'impatto trasformativo della robotica sulla società e ispirare l'interesse e la partecipazione del pubblico attraverso campagne di sensibilizzazione ed educazione che mettono in evidenza i potenziali benefici della tecnologia robotica, mostrano applicazioni innovative e affrontano idee sbagliate e preoccupazioni comuni. Inoltre, gli sforzi per promuovere l'istruzione computerizzata e le capacità meccaniche tra diversi gruppi possono coinvolgere le persone a utilizzare l'innovazione della tecnologia meccanica per lo sviluppo individuale ed esperto, incoraggiando una cultura di avanzamento e imprenditorialità. Inoltre, gli sforzi per affrontare le difficoltà culturali e promuovere miglioramenti gestibili attraverso l'innovazione della tecnologia meccanica sarà fondamentale per garantire che i propulsori meccanici avanzati contribuiscano alla prosperità e allo sviluppo delle persone attuali e future. Le parti interessate possono concentrarsi sull'affrontare sfide globali urgenti come la povertà, la disuguaglianza, il cambiamento climatico e il degrado ambientale allineando gli sforzi di ricerca e sviluppo nel campo della robotica con gli Obiettivi di sviluppo sostenibile (SDG) delle Nazioni Unite. La tecnologia robotica può essere utilizzata come strumento per un impatto sociale e ambientale positivo. Inoltre, affrontare i pregiudizi, promuovere la diversità e l'inclusione e mitigare le conseguenze indesiderate sono essenziali per garantire che i progressi della robotica contribuiscano alla costruzione di una società più giusta, equa e sostenibile. mondo. Inoltre, per massimizzare i benefici della tecnologia robotica e affrontare le sfide globali, saranno essenziali gli sforzi per promuovere la cooperazione e la collaborazione internazionale nel futuro della robotica. Le parti interessate possono utilizzare competenze, risorse,e infrastrutture per accelerare la ricerca e lo sviluppo della robotica e affrontare efficacemente le sfide condivise promuovendo partenariati e scambi di conoscenze tra nazioni e regioni. In conclusione, il futuro della robotica racchiude enormi promesse per plasmare il mondo di domani e promuovere il progresso e il benessere umano. Inoltre, gli sforzi volti a promuovere il trasferimento tecnologico e il rafforzamento delle capacità nei paesi e nelle regioni in via di sviluppo possono garantire che la tecnologia robotica sia accessibile a tutti e alla portata di tutti. Possiamo sfruttare il potere di trasformazione della robotica per affrontare grandi sfide, promuovere l'innovazione e creare un futuro più equo e sostenibile per tutti promuovendo lo sviluppo sostenibile, affrontando le sfide sociali, favorendo la cooperazione internazionale e favorendo la consapevolezza e l'impegno del pubblico. Approfittiamo delle opportunità che ci attendono e lavoriamo insieme per plasmare un futuro in cui la tecnologia robotica migliori le nostre vite, rafforzi le nostre comunità e porti avanti i nostri obiettivi comuni di progresso e prosperità. Lo sviluppo di una cultura dell'innovazione e dell'imprenditorialità nel campo della robotica sarà essenziale per stimolare la crescita economica e la prosperità. Le parti interessate possono incoraggiare gli investimenti, creare posti di lavoro e aprire nuove opportunità di sviluppo economico e competitività promuovendo un ecosistema che supporti la ricerca e lo sviluppo, il trasferimento tecnologico e la commercializzazione delle innovazioni robotiche. Inoltre, sarà essenziale affrontare le sfide legate alla privacy, alla sicurezza e all'uso etico della tecnologia robotica per creare fiducia tra le parti interessate e garantire che i progressi della robotica siano implementati in modo responsabile ed etico. Inoltre, gli sforzi per promuovere la collaborazione tra il mondo accademico, l'industria e il governo, nonché il sostegno alle startup e alle piccole imprese, possono accelerare la traduzione della ricerca sulla robotica in prodotti e servizi commerciabili. Per garantire che la tecnologia robotica sia sviluppata e utilizzata in modo da rispettare i diritti individuali e promuovere il benessere sociale, i quadri normativi e le linee guida che regolano lo sviluppo e l'implementazione della tecnologia robotica devono affrontare considerazioni importanti come la privacy dei dati, la sicurezza informatica e la trasparenza algoritmica. . Devono inoltre promuovere principi come equità, responsabilità e trasparenza. Inoltre, è necessario dare priorità alla risoluzione delle disparità nell'accesso alla tecnologia e alle opportunità della robotica, per garantire che i benefici dei progressi della robotica siano equamente distribuiti e che nessuno venga lasciato indietro. Inoltre, gli sforzi per promuovere il dialogo e l'impegno pubblico sulle implicazioni etiche e sociali della tecnologia robotica possono favorire una comprensione condivisa dei rischi e delle opportunità associati ai progressi della robotica. Gli individui possono avere il potere di partecipare alla rivoluzione della robotica e contribuire a plasmare il suo futuro partecipando a iniziative che promuovono l'inclusione digitale,colmare il divario digitale e fornire ai gruppi sottorappresentati e alle comunità emarginate l'accesso all'istruzione e alla formazione nella tecnologia robotica. Inoltre, è essenziale affrontare i pregiudizi e gli ostacoli alla partecipazione alla ricerca e allo sviluppo della robotica, nonché la diversità e l'inclusione nella forza lavoro se si vuole che la ricerca e lo sviluppo della robotica riflettano le diverse prospettive ed esperienze della società e massimizzino il talento e la creatività. In conclusione, c'è molta speranza per il futuro della robotica in termini di innovazione, espansione economica e progresso sociale. Possiamo sfruttare il potere di trasformazione della robotica per creare un futuro migliore per tutti promuovendo una cultura dell'innovazione e dell'imprenditorialità, affrontando questioni etiche e sociali e promuovendo l'inclusività e la diversità nella ricerca e nello sviluppo della robotica. Approfittiamo delle opportunità che ci attendono e collaboriamo per plasmare un futuro in cui la tecnologia robotica migliori le nostre vite, rafforzi le nostre comunità e porti avanti i nostri obiettivi condivisi di progresso e prosperità. Sfruttiamo anche le opportunità che ci si presentano.

## Immaginare la prossima era dell'integrazione della robotica

Si prevede che progressi significativi nell'intelligenza artificiale, nell'apprendimento automatico e nell'automazione caratterizzeranno la successiva era dell'integrazione della robotica come un'era trasformativa. Di seguito sono riportate alcune previsioni e tendenze chiave che si prevede daranno forma al panorama della robotica in futuro: Intelligenza artificiale e apprendimento automatico più intelligenti: i robot diventeranno più intelligenti e saranno in grado di apprendere dai dati e adattarsi a nuove situazioni. Percezioni sensoriali migliorate: i robot dotati di sensori avanzati saranno in grado di interagire con l'ambiente circostante in modo più approfondito. Interazione fluida uomo-robot: man mano che la robotica diventerà sempre più radicata nella vita di tutti i giorni, il mondo diventerà sempre più interconnesso. Democratizzazione della robotica: man mano che i costi diminuiranno, la tecnologia robotica diventerà più accessibile per le case, le piccole imprese e le istituzioni educative. Considerazioni etiche e occupazionali: per garantire una coesistenza armoniosa tra esseri umani e robot, con l'avanzare della robotica saranno necessari cambiamenti nell'istruzione, nello sviluppo delle competenze e nelle politiche sociali. Questi sviluppi non solo miglioreranno le capacità della robotica attualmente in uso, ma introdurranno anche nuove applicazioni e soluzioni in una varietà di settori, tra cui quello sanitario e manifatturiero. È davvero un viaggio entusiasmante per anticipare e prepararsi per il futuro della robotica.

*Grazie*

www.ingramcontent.com/pod-product-compliance
Lightning Source LLC
Chambersburg PA
CBHW071548240526
45470CB00023B/1504